SCIENCE

ET

RELIGION

6 janvier
Salle B
218
tête pleine

SCIENCE

ET

RELIGION

PAR

MALVERT

AVEC 85 FIGURES DANS LE TEXTE

Deuxième édition corrigée et entièrement refondue

PARIS

SOCIÉTÉ D'ÉDITIONS SCIENTIFIQUES

PLACE DE L'ÉCOLE DE MÉDECINE

4, RUE ANTOINE-DUBOIS, 4

Droits de traduction et de reproduction réservés pour tous pays y compris la Suède et la Norwège

1895

SCIENCE ET RELIGION

CHAPITRE I

LA TRINITÉ

1. — *Le Mythe védique*. — L'humanité n'a pas toujours été telle que nous la voyons. Il est aujourd'hui scientifiquement établi que l'homme, à une époque fort lointaine, menait une existence analogue à celle des animaux (1). Nu et errant, sans autre abri que les cavernes, sans autres armes, sans autres outils que les pierres arrachées au sol, il a traîné pendant bien des siècles une vie misérable, pire que celle des tribus contemporaines les plus sauvages (2). Ce n'est que lente-

(1) L'état actuel des recherches scientifiques permet d'assigner à l'existence de l'homme sur la terre plusieurs centaines de milliers d'années.

(2) Rien n'égalait la misère physique des premiers hommes, si ce n'est leur misère morale. Les hommes primitifs ne se distinguaient du tigre et de l'ours des cavernes qu'en ce qu'ils étaient plus féroces et plus redoutables. Ils pratiquaient le cannibalisme comme le font aujourd'hui plusieurs peuplades de l'Afrique et du Nouveau-Monde ; et même chez les peuples soi-disant civilisés, il suffit d'une disette un peu prolongée pour que réapparaissent des faits d'anthropophagie. (FERRIÈRE, *Les Mythes de la Bible*. Paris. Alcan. 1893, p. 102).

ment, péniblement, au prix de luttes et d'efforts
sans nombre, qu'il est parvenu à dompter les
autres espèces, à maîtriser les forces naturelles,
à les modifier et à les utiliser.

Les premiers hommes, dont la vie se passait en
plein air, étaient impressionnés par les phénomènes
de la nature, tels que le vent, les tempêtes, les
orages, le tonnerre, les éclairs. L'apparition et la
disparition régulière du soleil ramenant successivement la lumière et les ténèbres, leur inspirait
tour à tour des sentiments de joie et de terreur.
En le voyant marcher au-dessus de leur tête, ils
le croyaient animé comme eux. Ne pouvant l'atteindre, ni le dompter, ils le considéraient comme
un être supérieur et l'imploraient pour lui deman-
der sa chaleur et sa lumière. Ils l'appelaient celui
qui brille, le *brillant*, en sanscrit *Deva* (d'où
Deus, Dieu), et comme sa lumière apportait la
vie, ils le qualifiaient *bon*, par opposition aux ténèbres qui sont mauvaises, qualification qui se
retrouve dans le *Jupiter très bon* des Grecs, la
bona dea des Latins et le *bon Dieu* des modernes.

Le premier culte des humains fut celui du soleil. Ce culte naturel et rationnel, puisqu'il correspond à la réalité des choses, forme la base de
presque toutes les religions. « Plus on pénétrera,
dit Max Muller, dans la nature intime des mythes
primitifs, plus on se convaincra qu'ils se rapportent, pour la plus grande partie, au soleil. »

Ce culte était celui des premiers peuples de
l'Inde, à l'époque reculée où les hommes n'avaient

pas découvert le moyen d'obtenir le feu. Certaines peuplades arriérées l'ignorent encore. Les vieilles légendes de la Chine remontent au temps où l'homme vivait sur les arbres et ne connaissait pas l'usage du feu. Dans les antiques légendes phéniciennes, l'art de produire le feu est placé à la période qui a suivi la sauvagerie primitive (1).

L'origine de cette découverte merveilleuse fut vraisemblablement le frottement de deux bâtons de bois glissant l'un sur l'autre dans un mouvement de va et vient. Aujourd'hui encore les Canaques, pour se procurer du feu, frottent deux morceaux de bois sec, l'un moins grand en bois tendre, l'autre plus grand en bois dur (2).

Ce procédé de production et par suite de conservation du feu, si simple en apparence, a été la source de l'industrie, des arts et de la civilisation. C'est lui qui a permis à l'homme de résister à l'intempérie des saisons, de préparer par la cuisson et de conserver sa nourriture, de se préserver, la nuit, contre les attaques des bêtes fauves et des reptiles, de fabriquer des poteries, puis, le bronze et le fer, qui lui ont fourni des instruments précieux, et des armes terribles avec lesquels il a pu conquérir le monde. On peut dire que cette découverte a été le salut de l'humanité.

Aussi a-t-elle produit sur l'esprit humain une impression ineffaçable. Depuis des siècles l'huma-

(1) L'homme selon la science, par Buchner. Trad. Letourneau. Paris, 1870, p. 95.
(2) Revue d'Ethnographie, 1888. p. 91.

nité n'a cessé de vénérer, comme un signe mystérieux et divin, l'image de l'instrument d'où l'homme avait vu jaillir le feu pour la première fois. On la voit, dans les temps préhistoriques, dès la période qui précède l'âge du fer, gravée sur les monuments mégalithiques et sur les tombeaux.

On trouve ensuite le même signe sacré, sous la forme de deux barres transversales terminées à chaque extrémité par un crochet. C'est le Swastika ou croix gammée, qui fut un perfectionnement de l'instrument primitif. Le Swastika se compose de deux bâtons, dont les extrémités sont recourbées pour être retenues avec quatre clous. Au point de jonction, dans une petite cavité pratiquée dans le bâton supérieur, on plaçait un morceau de bois en forme de cône qu'une lanière enroulée permettait de faire tourner rapidement, par un jeu d'archet, jusqu'à ce que l'étincelle vînt jaillir.

Ces procédés primitifs de fabrication du feu ont donné lieu à bien des mythes et des légendes, variant selon l'imagination des peuples qui les créaient. On connaît la fable de Persée, faisant descendre le feu du ciel sur la terre ; celle de Prométhée, dérobant le feu du ciel et condamné, pour ce fait, à être étendu en croix sur le Caucase, cloué sur l'instrument qui lui avait servi à commettre son larcin.

Le mythe aryen, qui a combiné le culte du soleil avec celui du feu, offre, par son caractère scientifique, une grande supériorité sur tous les autres.

Trois mille ans avant notre ère, des hommes,

qui étaient à la fois prêtres, philosophes et savants, ont pressenti et, pour ainsi dire, deviné le grand phénomène de l'accumulation de la chaleur solaire dans les plantes. La science a récemment mis en lumière ce phénomène en établissant que le feu n'est autre chose que le dégagement, à une certaine température et sous l'action de l'air, de la chaleur solaire accumulée dans les plantes à l'état potentiel. Le soleil entretient la vie des animaux, directement par ses rayons, indirectement, par les aliments qu'ils absorbent, et dont la combustion est déterminée par l'air qu'ils respirent. Il en résulte que le soleil est le père du feu, qui lui est consubstantiel, et qui est engendré par le mouvement de l'air, dont le souffle (l'esprit) pénètre tous les êtres qui respirent et y entretient la vie par la combustion. Enfin, le feu, descendu du ciel où réside le soleil dont il émane, remonte au ciel sous forme de fumée. C'est l'explication du rôle et de l'action de chacun de ces trois éléments, le soleil, le feu et l'air, personnifiés sous les noms imaginaires de Savistri, Agni et Vayu, qui constitue le mythe védique, autrement dit le mystère de la sainte Trinité, qui était resté, en effet, un mystère jusqu'au jour récent où la science en a révélé le secret.

Les livres des Védas (1) nous la présentent sous

---

(1) Ces livres religieux, les plus anciens du monde, ont été retrouvés et traduits pour la première fois, en anglais, à Calcutta, en 1810. Le *Rig-Véda ou livre des hymnes*, a été traduit en français par M. Langlois, de l'Institut. Paris, 1848-1851. 4 vol. In-8o.
M. Em. Burnouf a publié une très remarquable étude sur le Rig-Véda (1885).

le voile d'une allégorie. *Agni* (le feu) est le fils incarné de *Savistri* le père céleste (le soleil). Il a été conçu et enfanté par la vierge *Maya* et il a pour père terrestre *Twasti*, le charpentier (celui qui fabrique le Swastika). C'est dans la cavité de celui des deux bâtons appelé la mère et où réside la divine Maya, personnification de la puissance productrice, qu'il a été conçu, par l'opération de *Vayu*, l'esprit, le souffle de l'air sans lequel le feu ne peut s'allumer.

Il est intéressant de comparer ce mythe avec le *Credo* adopté par l'Eglise romaine : « Je crois en Dieu, le père tout puissant (Savistri), créateur du ciel et de la terre, — et en Jésus-Christ son fils unique, lumière de lumière (Agni), qui n'a pas été créé, mais engendré, consubstantiel au père, qui est descendu du ciel, — qui a été, conçu et est né dans le sein de la vierge Marie (Maya), par l'opération du Saint-Esprit, et qui, après sa mort, est remonté au ciel ; — je crois au Saint-Esprit qui ranime la vie (Vayu), qui procède du père et du fils, qui est adoré et glorifié avec le père et le fils. »

L'identité est frappante, les noms seuls sont changés.

Pour être différents, les noms n'en expriment pas moins exactement la même chose. Il importe peu que le mot Dieu, substitué à Savistri ait un sens abstrait, puisqu'il ne peut signifier autre chose que ce qu'exprime son sens originel, sa racine, *deva*, le brillant. « Toute expression d'une idée abstraite ne saurait être qu'une allégoric. Tout mot est l'image d'une image, le signe d'une illusion, pas autre chose. C'est avec les restes effacés et dénaturés d'images antiques et d'illusions grossières qu'on représente l'abstrait (1) ».

D'après le rite védique, on célébrait chaque année la naissance d'Agni (le feu), qui était signalée astronomiquement par l'apparition d'une étoile. Dès que l'étoile revient au firmanent, au solstice d'hiver, un prêtre annonce la bonne nouvelle au peuple qui vient adorer le nouveau-né.

Le feu est alors allumé sur un tertre, par le frottement du Swastika. Quand la première étincelle jaillit de la cavité où réside la divine Maya, c'est la nativité. Cette étincelle vivante s'appelle « le petit enfant ». Le véda célèbre, dans des hymnes d'une poésie délicieuse, la naissance de la « frêle et divine créature qui vient d'apparaître ». Les prêtres déposent ce petit enfant sur la

---

(1) Anatole France. *Ariste et Polyphile*. (*Le Temps*, 14 septembre 1894). Prenez une phrase d'allure métaphysique, comme celle-ci : « L'âme possède Dieu dans la mesure où elle participe de l'absolu » ; en donnant à chaque mot son sens étymologique, vous trouverez littéralement : le souffle est assis sur celui qui brille au boisseau du don qu'il reçut en ce qui est hors le fendu (ou le divisé). Ce qui peut se traduire en style moins réaliste : celui dont le souffle est un signe de vie (l'homme) prendra place (après la vie) dans le feu divin, source et foyer de la vie, et cette place lui sera mesurée sur la vertu qui lui a été donnée d'étendre ce souffle (l'âme) à travers l'espace que rien ne divise (le ciel bleu).

La prétentieuse formule métaphysique n'est donc en réalité qu'une sorte de fragment d'hymne védique, desséché et décoloré. « Par un sort bizarre, conclut M. Anatole France, à qui nous empruntons cet exemple, ces métaphysiciens qui croient échapper au monde des apparences, sont contraints de vivre perpétuellement dans l'allégorie. Poètes tristes, ils décolorent les fables antiques. »

paille qui s'enflamme. A côté de lui on amène la vache mystique qui a fourni le beurre et l'âne qui a porté sur son dos le Soma (liqueur spiritueuse) (1) qui vont servir à l'alimenter. Devant lui est un prêtre, tenant à la main un petit éventail oriental sous forme de drapeau qu'il agite pour activer cette vie qui menace de s'éteindre.

Il est ensuite porté sur des branches amassées sur l'autel. Là, un prêtre verse sur lui la liqueur sacrée, le spiritueux Soma. Un autre lui donne l'onction, en répandant sur lui le beurre du saint sacrifice. A partir de ce moment, Agni prend le nom de Oint (*akta*; en grec, *Christnos* Christ). Du foyer ainsi alimenté surgit la flamme aux belles clartés dont l'ascension s'opère au sein d'un nuage de fumée jusqu'au ciel, où le feu va rejoindre le père céleste qui l'a envoyé pour le salut du monde (2).

Cette commémoration de la naissance d'Agni était accompagnée d'une cérémonie rituélique.

Le Soma était la liqueur sacrée chez tous les peuples aryens. Agni réside en elle, quoiqu'invisible. Elle est l'emblème de tous les aliments liquides, de même que les aliments solides sont représentés par le pain, composé de farine et de beurre, matières nutritives et combustibles, dans lesquelles réside Agni (3).

(1) Le Soma est la liqueur fermentée de l'*asclepias acida*.
(2) *La Science des religions*, par Em. Burnouf, directeur honoraire de l'école d'Athènes, Paris, 1885.
(3) D'après la tradition védique, la plante qui produit le Soma aurait été apportée par un oiseau céleste *Cyéna*, l'épervier, et c'est dans un de ses rameaux que, d'un vol rapide, il a fait descendre sur la terre le feu d'en haut. C'est Cyéna qui a inspiré le symbolisme du vautour dévorant le flanc de Prométhée, et, plus tard, celui du pigeon figurant le Saint-Esprit

L'offrande du pain et du vin est présentée au feu sacré sur l'autel. Le feu les consume et les élève en vapeur vers le ciel où elles vont se réunir au corps glorieux du père céleste (le soleil). Agni devient ainsi le médiateur de l'offrande, le sacrificateur qui s'offre lui-même comme victime. Les prêtres et les fidèles reçoivent chacun une part de l'offrande (l'hostie) et la mangent comme un aliment dans lequel Agni est renfermé.

Enfin, Agni étant la vie dans l'individu, est aussi le médiateur qui transmet la vie. Quand un homme meurt, le feu de la vie se retire de lui et laisse en terre son corps, pour retourner au soleil, c'est-à-dire dans la région céleste où règne le Père, qui est le Paradis, le *paradeça* des Médo-Perses, le séjour de l'immortalité (Burnouf).

L'antique trinité, composée du Soleil (Savistri), le père céleste, du feu (Agni), fils et incarnation du Soleil, et de l'esprit (Vayu), le souffle de l'air, est resté le dogme fondamental des religions d'origine aryenne (1). Le but de ce mythe était de conserver précieusement, en en faisant l'objet d'un culte, un procédé vraisemblablement déjà plusieurs fois perdu. Les cérémonies périodiques rappelaient le moyen d'obtenir le feu, et le foyer sacré, perpétuellement allumé, en assurait la conservation (2).

---

(1) Le souffle de l'air étant le signe de la vie, c'est le souffle de Dieu qui, dans la Genèse, couve les eaux et les féconde. C'est lui que Jéhovah souffla dans les narines d'Adam pour lui donner la vie; c'est ce même souffle qui féconda la vierge Marie; c'est en soufflant sur les apôtres que Jésus leur communiqua l'Esprit-Saint. (Jean, XX. 22).

(2) Chez les Perses, la Swastika figurait au nombre des procédés

Cette conception était d'autant plus belle que la légende dont elle est enveloppée, contient une explication scientifique d'un des plus importants phénomènes de la nature.

A ces époques lointaines, on ne pouvait songer à enseigner directement aux masses des vérités positives, il fallait s'adresser à leur imagination, et rendre l'enseignement accessible, sous une forme allégorique, avec la mise en scène des cérémonies et des chants. Si l'on se reporte, par la pensée, à l'état de barbarie dans lequel se trouvait alors l'humanité, si l'on songe à l'immensité des efforts qu'il a fallu pour faire accepter et adopter, par les populations ignorantes et routinières, les procédés hygiéniques et les pratiques utiles les plus vulgaires, on demeurera pénétré de respect et d'admiration pour les hommes supérieurs qui furent les premiers guides de nos ancêtres dans la voie du progrès (1).

prescrits pour rallumer le feu de l'autel. Il en était de même en Grèce, pour le culte de Hestia. Dans les temples d'Apollon, de Cérès, de Jupiter Ammon, et de Minerve, le feu sacré devait, en cas d'extinction, être rallumé par les rayons du soleil. A Rome, dans les temples de Vesta, il était interdit de le rallumer à une flamme apportée du dehors. Il fallait, d'après les règlements liturgiques, le produire de nouveau à l'aide d'une sorte de Swastika. (Pomp. Fœstus, *De signific. Verb. Ignis Vesta*. — Hochart, *Etudes d'histoire religieuse*, Paris, 1890, E. Thorin, édit. p. 200).

(1) La puissance de la routine, l'aversion instinctive pour toute nouveauté, pour tout changement dans les habitudes, qui exige un effort physique ou intellectuel, sont tels, que les prêtres eux-mêmes, longtemps après la découverte et l'usage du fer, employaient encore exclusivement, comme par le passé, des outils de pierre pour pratiquer les immolations (*Rev. de l'hist. des religions*, 1887, p. 217). Il en fut de même chez les Egyptiens, qui persistèrent à se servir d'instruments de silex dans les solennités religieuses. Ces instruments primitifs étaient encore d'un usage fréquent en Egypte, 1900 ans avant notre ère, et des

II. — *L'œuvre des religions.* — Ce sont les religions qui leur ont servi d'instruments pour cette œuvre bienfaisante. Ce sont elles qui ont protégé l'enfance des sciences et des arts, qui ont propagé et conservé les premiers procédés industriels, en les symbolisant, en les consacrant par des cérémonies cultuelles, en les proposant au respect et à la vénération. C'est ainsi que les découvertes les plus précieuses, comme la culture du blé et de la vigne, la fabrication du vin et de la bière, ont fait, dès leur origine, l'objet de cultes particuliers. Les mythes de Bacchus, de Noé, de Cérès, de Gambrinus, ne sont pas autre chose que la personnification et la glorification de ces conquêtes de l'industrie humaine, en vue d'en généraliser la connaissance et d'en assurer la conservation. Qu'est-ce que le culte symbolique de la charrue, dont on retrouve la trace sur les monuments mégalithiques et sur d'autres plus récents, sinon une des formes de la même idée (1). Il ne faut pas chercher d'autre origine au culte des animaux (2), des plantes

---

fouilles récentes ont révélé l'usage de la pierre taillée jusque dans des temps historiques rapprochés, où le cuivre et le fer étaient communément façonnés en outils! (E. Cartaillhac. *L'Anthropologie*, t. III, p. 405), V. *infrà*, p. 13, la note relative à la circoncision chez les Hébreux.

(1) L'usage de figurer une charrue sur les tombeaux se conserva fort longtemps en Gaule. (Dom Martin, *Relig. des Gaulois*, t. II, p. 230). M. le docteur Berthelon a retrouvé récemment cet usage en Tunisie, non sans étonnement de voir que les Berbères aient « gardé des souvenirs aussi vifs de l'industrie mégalithique. » (*Bull. de géographie*, pub. par le Min. de l'Instr. publ. 1891, p. 487).

(2) Chez les Egyptiens, le culte du taureau Apis avait un but utilitaire. Le taureau sacré se distinguait par une robe noire et une marbrure de pigment noir sur la langue. Un tel taureau ne

utiles et de certains minéraux. Cette préoccupation
était si bien dans l'esprit des religions, qu'à
Rome, toute invention était, dès son apparition,
l'objet d'un culte. Ainsi l'usage de limiter les
champs par des pierres a donné naissance au dieu
Terme, protecteur de ces limites de la propriété,
qu'il rendait sacrées. De même, le dieu Argentinus apparaît avec la première pièce d'argent.
Cette industrie nouvelle donna aussitôt son nom à
un temple consacré à *Julia Moneta*. La monnaie
de cuivre ayant déjà son dieu, *Œsculinus*, la légende fit d'Argentinus, le fils d'Œsculinus. On
saisit ici sur le vif le secret de l'origine et de la
filiation des divinités.

Ce caractère éminemment social et humanitaire
des religions se manifeste également dans les

pouvait engendrer des bœufs blancs, beaucoup moins capables
de travailler par la chaleur. C'était d'une grande importance
pour les Égyptiens qui n'employaient que des bœufs à l'ensemen-
cement des terres, et au transport des moissons. Les prêtres
égyptiens avaient donc érigé en signe sacré la tache de pigment
noir sur la langue, sachant qu'avec un taureau muni de ce simple signe, on peut à volonté et en peu de temps, obtenir une race
bovine à robe noire. (Ferrière. *Les erreurs scientifiques de la
Bible*. Paris, 1891. Alcan, édit., p. 354.)

Les prêtres égyptiens avaient consacré à la divinité les oiseaux
utiles, pour les soustraire à la destruction. Dans le *Livre des
morts*, celui qui comparait devant le tribunal d'Osiris dit : Je
n'ai pas pris au filet les oiseaux des dieux. »

Rome avait ses poulets sacrés. En Laponie, l'ours recevait des
honneurs divins ; les Germains le considéraient aussi comme un
animal sacré (*Rev. de l'Hist. des relig.* 1891, p. 285). M. Cook
a publié un mémoire sur le culte du taureau, du cerf, du cheval, de la chèvre et du porc, dans l'Archipel grec. (*Rev. archéol.*
1895, p. 103).

Au contraire, le serpent était réputé l'incarnation du mal.
Partout il est représenté foulé aux pieds et écrasé par les dieux.
En Germanie, le corbeau personnifiait le malin esprit. Par survivance de cette croyance, c'est lui qui, dans les exorcismes du
moyen âge, sortait de la bouche des possédés sous la forme d'un
oiseau noir. (*Rev. de l'Hist. des relig.* 1891, p. 293).

procédés employés dans l'intérêt de la santé et de l'hygiène publiques. La médecine, comme les autres sciences, était, à l'origine, confinée dans les sanctuaires, où elle a pris naissance. En dehors, les malades étaient abandonnés ou livrés aux sorciers. Pour les soustraire à l'abandon et aux pratiques grossières, la religion les attire dans les temples, où des prêtres médecins leur imposent des traitements rationnels qui sont, en apparence, des ordres de la divinité dictés par des oracles. On annexe même aux temples les plus fréquentés, comme ceux de Sérapis, d'Esculape, de *Minerva medica*, de véritables hôpitaux, où l'art médical s'est développé et a atteint un certain degré de perfection. Un des hymnes du Rig-Véda est adressé aux cent quatre plantes médecinales alors connues (1).

C'est dans un but analogue que les sources, les fontaines et les eaux minérales ayant quelque propriété thérapeutique, étaient divinisées et que les populations y étaient attirées par des pélérinages et des cérémonies religieuses, dont le double but était de préserver ces eaux bienfaisantes de toute souillure et d'en généraliser l'usage.

Le culte, après avoir été à l'origine, domestique et familial, s'était étendu à des groupes de

----

(1) La circoncision, qui avait pour but de supprimer un vice congénital (phimosis) fréquent chez les peuples de l'Asie occidentale, et remontait à l'âge de pierre, fut généralisée par la religion qui la rendit obligatoire et la réglementa. L'incision se faisait à l'origine avec un silex, c'est encore un couteau en silex dont les rites religieux des Hébreux prescrivent l'emploi, malgré la diffusion des instruments métalliques. (Josué, V. 2).

familles, puis à de véritables sociétés et était devenu public. La religion, qui n'était d'abord qu'une conception métaphysique de l'univers, ne tarda pas à exercer une influence directe et positive sur le monde extérieur. Cette influence amena peu à peu le prêtre à sortir du sanctuaire et à participer à la direction des sociétés, ce qui détermina une transformation de la religion. A l'ancien enseignement théorique s'ajouta celui de la morale, qui enseigne à l'homme les moyens de conserver, de contenir ses besoins naturels, de les contrebalancer les uns par les autres. Ces règles de conduite, qui constituaient l'hygiène publique, furent prescrites et imposées au nom de la divinité. C'est la seconde phase de l'évolution religieuse.

Les anciens livres sacrés de l'Inde, les Védas, ne contiennent rien concernant la morale. Elle n'apparaît que dans les religions postérieures, comme le mazdéisme, la brahmisme, le bouddhisme, le christianisme.

Toutes ces religions reproduisent la conception primordiale de l'univers formulée par les Védas. Elles ne diffèrent entre elles que par l'importance plus ou moins grande qu'elles donnent à chacun des trois éléments du principe igné. Les religions grecque, latine et germanique, ont fait prévaloir les deux premiers, le soleil et le feu. Le mazdéisme des Perses et le brahmisme ont, au contraire, attribué la prépondérance au troisième élément, le souffle de l'air, l'esprit, ce qui leur donnait un caractère plus spiritualiste. Le christia-

nisme, à l'origine, plaçait les trois éléments sur
le même rang. Le symbole des apôtres qui a précisé la foi chrétienne, la résumait dans cette formule : « Je crois au père, au fils et au saint esprit »
formule qui rappelle celle de la période de Zoroastre.

La différence entre ces diverses religions est
plus sensible en ce qui concerne la morale qui
varie selon l'état social et mental du milieu et
selon l'idéal qu'ont eu en vue leurs fondateurs.

L'influence, l'importance et l'utilité des religions diminue en raison du progrès et de l'expansion des connaissances scientifiques (1). La
modification lente, mais continue de l'état mental
de l'humanité, qui est la conséquence des progrès
de l'instruction, détermine l'évolution des religions, par l'élimination successive des mythes et
des dogmes devenus sans objet. Ainsi, le culte du
feu et de son symbole, n'ayant plus de raison
d'être qu'à titre de souvenir, à une époque où les
procédés de fabrication du feu ont été vulgarisés
au point qu'on n'en peut plus redouter la disparition, le christianisme évangélique, la dernière et
la plus épurée des religions, a éliminé le culte et
l'adoration de la croix. De même, la diffusion des
notions médicales, en généralisant la connaissance et l'usage des eaux minérales, a rendu inutile la vénération rituélique des sources et des

_____

(1) « Les croyances d'abord et la religion ensuite ont eu pour
fonction sociale l'organisation artificielle dans les intelligences
et les sociétés de tous les phénomènes non encore expliqués par
l'expérience et par la science, d'où il résulte que la décadence
des unes est en raison des progrès des autres. » De Greff.
(*Introd. à la sociologie.* 2ᵉ partie). Paris, Alcan, 1889, p. 194.

fontaines. Ce culte a été également supprimé par la religion protestante, comme celui des animaux et des plantes utiles l'avait été jadis.

Après avoir été le berceau des sciences, ce qui explique et justifie leur influence, leur prestige et leur grandeur, les religions ont vu la décadence commencer pour elles le jour où la science est sortie du sanctuaire; le mouvement s'est précipité quand l'imprimerie lui a permis de pénétrer jusque dans les couches profondes de la population. Depuis lors, les découvertes les plus importantes se sont multipliées sans leur concours. C'est ainsi que, tout récemment, la découverte merveilleuse du docteur Roux a été propagée par la voie de la presse et vulgarisée dans toute l'Europe, en quelques semaines, sans qu'il fut besoin de placer le *serum* bienfaisant sous la protection miraculeuse d'un saint guérisseur de la diphtérie.

CHAPITRE II

LE SOLEIL

1. — *L'ancien culte*. — Le soleil, le père céleste, auquel l'homme doit la vie et le pain quotidien, a joué un grand rôle dans la mythologie de tous les peuples (1). On trouve des traces du culte solaire dès la période préhistorique de l'âge du bronze.

Une tombe de cette époque, découverte dans l'île Belle, à Kivik, porte sur ses parois des emblèmes de ce culte (2). La symbolisation du soleil figure sur un stèle de l'âge du fer, trouvé en Italie, près de Bologne (fig. 1) (3).

En Egypte, les initiés des mystères d'Isis adoraient le soleil, qu'on représentait, sur les monuments, par un globe ailé, flanqué de

I. — Stèle de l'âge du fer.

---

(1) V. Dupuis. *Origine de tous les cultes.*
(2) Buchner. *Loc. cit.*, p. 121.
(3) *Revue de l'École d'Anthropologie*, 1894, p. 128.

deux *ureus* (ailes) et surmonté de cornes ondu-
lées. Ce symbole occupe une place importante
dans les monuments de la XVIII° dynastie. Flin-
dars Patrie l'a découvert sur ceux de la V° dynastie (1).

Sur les hypogées royaux (tombeaux) de Thèbes,
on voit le dieu solaire, à la pointe du jour, au
moment où il surgit de l'orient, salué par les
autres dieux, en ces termes : « Toi, qui nais ta
naissance et qui es ton être, parfait Maître du
Ciel, que le firmament soit à ton âme qui s'unit
à lui, la terre à ton corps, maître de perfection,
toi qui navigues à l'horizon ». Dans les cérémonies
funèbres, on lui adressait, au nom des morts, la
prière suivante : « O Soleil ! Maître de toutes
choses, et vous, tous les autres dieux, qui donnez
la vie aux hommes, recevez-moi et faites que je
sois admis dans la société des dieux éternels » (2).

En Amérique, on trouve partout, depuis l'antiquité jusqu'à nos jours, des traces de ce culte.
Les anciens Mexicains adoraient le soleil, les
astres et le feu. Les Incas ont laissé un souvenir
de cruauté justifié par le nombre des victimes
qu'ils immolaient chaque année, en l'honneur du
soleil. Aujourd'hui, les Antis, au Pérou, lui offrent

(1) *Revue archéologique*. Déc. 1889.
(2) Porphyre. *De abstinentiâ*. VI. 10. — « Le soleil finit par
devenir une des divinités les plus universellement adorées de
l'Egypte. C'est lui qui, sous le nom de Râ, d'Ammon, d'Hor, de
Phtah, d'Atoun, d'Osiris, domine l'immense Panthéon et rayonne
au sein des temples les plus magnifiques, sur les plus fastueux
autels. C'est lui, bienfaisant, lumineux, auteur de toute vie et de
toute joie, qui a le plus vivement inspiré les poètes religieux de
l'Egypte. » (Lebon. *Les premières civilisations*, p. 268).

encore des sacrifices à certaines époques de l'année.
Pour conjurer le mauvais temps, les Canaques
de la Nouvelle-Calédonie ne manquent jamais de
lui offrir un sacrifice, avec cette prière : « Soleil !
Ce que je fais c'est pour que tu sois si ardent que
tu manges les nuages qui sont dans l'espace ! » (1)
Les Quechas, dans l'Amérique du sud, les naturels des Célèbes, dans les îles de la Sonde, pratiquaient le même culte.

Dans l'Inde, les hymnes védiques ont une
origine solaire indiscutable. Toute la mythologie
védique n'est que l'expression des impressions
causées par les forces de la nature, le soleil,
les astres, le feu, la lumière, les ténèbres, sur lesquels viennent se greffer les sacrifices et les rites.

En Chine, la religion officielle est le culte rendu
au soleil, aux astres et aux ancêtres. Au Japon,
les diverses sectes du bouddhisme adorent le soleil,
sous le nom d'Amatérassou (2).

Le globe ailé du soleil se retrouve chez les
Phéniciens, les Perses, les Hettéens (3).

On le voit figuré sur les stèles et les sceaux de
forme cylindrique ou conique de la Chaldée et de
l'Assyrie, que nos collections possèdent par
milliers. L'astre du jour était un des principaux
dieux de la Chaldée (4). Il avait des autels partout.
Dans les temples de la ville de Sippara, qui lui

---

(1) *Revue d'ethnographie*. 1888, p. 115.
(2) *Petit guide illustré au Musée Guimet*, par de Milloué.
Paris, Leroux 1894, p. 107 et 113.
(3) *Acad. des Inscriptions*. Séance du 14 avril 1891.
(4) Un roi de Chaldée, qui vivait dix-sept siècles avant J.-C.
s'appelait Hasis-Adra, ce qui signifie « celui qui obéit au dieu
Soleil ». Lenormant. *Origines de l'histoire*, 1882, t. II, p. 7.

était consacrée, brûlait sans cesse en son honneur
un feu qui ne s'éteignait point. A Palmyre était
élevé un magnifique temple au soleil dont on voit
encore les ruines imposantes. En Syrie, dans la
ville d'Edesse, fondée 312 ans avant J.-C., un
temple avait été élevé au dieu soleil.

Chez les Hébreux, un texte du règne de Nabouïd
mentionne deux rois qui embellirent le temple du
soleil, dont l'un vivait 1,450 ans et l'autre
2,150 ans avant J.-C. (1). Moïse est le nom du dieu
solaire *Masu*. Dans une lettre de Zinarpi à un
roi égyptien, le pharaon est appelé le « dieu
soleil », et le texte ajoute « dont le nom est Masu ».
Ce texte est d'un siècle antérieur à l'époque de la
naissance de Moïse (2). De même, Saül ou Swal
est le nom babylonien du dieu solaire (3). Le culte
solaire se manifeste dans les prophéties hébraïques :
« Dieu a établi sa tente dans le soleil... Il va d'une
extrémité du ciel à l'autre, rien ne se dérobe à sa
chaleur » (Psaumes XVIII, 5, 8). Macchabée dit :
« Sur vous, qui craignez mon nom, se lèvera le
soleil de justice et la vie sera dans ses rayons. »
(Psaumes IV, 12). Dans les psaumes, le soleil
chasse les ténèbres par l'ordre de la lumière personnifiée dans Jéhovah (4).

En Gaule, le dieu Belenus figurait le soleil. En

---

(1) *Acad. des Inscriptions*. Séance du 22 février 1859.
(2) *Revue Archéologique*, 1889, p. 361.
(3) *Ibid*. p. 360.
(4) Dans les croyances primitives des Israélites, Jéhovah,
avant de devenir la divinité suprême, n'a été qu'une personnification du soleil (Véron. *Hist. nat. des relig.*, II, 191). Le culte
du soleil était pratiqué par les Juifs, et la Bible nous apprend
que Josias « ôta les chevaux que les rois de Juda avaient consacrés au Soleil, et brûla les chars du Soleil. » (Rois IV, 23, 11).

Grèce, le globe ailé du soleil se retrouve sur le Caducée. Orphée regardait le soleil comme le plus grand des dieux. Le chœur, dans l'Œdipe de Sophocle, invoque le soleil comme le premier des dieux. Agamemnon, dans Homère, apostrophant le soleil, lui dit : « Soleil, qui vois tout et entends tout ». Apollon était l'expression mythologique du dieu solaire. Zeus est un mot d'origine sanscrite qui signifie brillant.

Chez les Romains, les initiés des mystères de Bacchus adoraient le soleil. Julien déclarait que « selon l'antique tradition, Jupiter ne différait en rien du soleil ». (*Le roi soleil*, 15).

Une évolution monothéiste se produisit dans la mythologie du paganisme. Par un phénomène de concentration et d'absorption des divinités multiples en un dieu supérieur, le soleil devint, avant le deuxième siècle, le dieu universel de l'empire romain. « Chacun, écrivait Lucien, voit luire le soleil dans sa patrie, et quoique chacun le déclare sien, le dieu est commun à tous » (1). Peu à peu tous les dieux de l'Olympe furent assimilés au soleil. C'était la divinité prépondérante, et, en cette qualité, on l'appelait *le Seigneur*, ainsi que l'indique une médaille frappée sous le règne d'Aurélien

2. — Médaille d'Aurélien.

(fig. 2) (2). Le monothéisme apparaît ici comme

(1) *Éloge de la patrie*, 6.
(2) Cohen, *Descrip. des médailles impériales*, t. V. nos 39-41
Les Sabéens appelaient le Soleil le Seigneur des seigneurs.

le terme de l'évolution mythologique. « Les dieux
sont nés avant Dieu ; c'est en les résorbant qu'il
les a éléminés ». Plutarque écrivait : « Au milieu
de tous les astres roule le soleil, dont la grandeur
et la puissance l'emportent sur tous, et qui gou-
verne non seulement nos saisons et nos climats,
mais encore les autres astres et le ciel lui-même.
Il est la vie ou plutôt l'âme du monde entier ; il
est le principal régulateur, la principale divinité
de la nature ». Le César Julien, disciple des
néoplatoniciens, exprimait le désir de retourner
après sa mort au sein du dieu Soleil : « Puisse
le Soleil, quand l'heure fatale sera venue, m'ac-
corder un facile accès auprès de lui, et, s'il se
peut, un séjour éternel avec lui » (1). Ailleurs,
il écrivait : « Je crois, sur la foi des sages, que
le père commun des hommes, c'est le soleil » (2).

Telle était la croyance générale, dans l'empire
romain, à la fin du paganisme (3).

---

(1) Macrobe. *Com. in somn. Scip.*, I, 12.
(2) *Le roi Soleil*, 2. — Tous les peuples de l'empire romain
désignaient le soleil sous la dénomination de Maître ou Seigneur.
Baal, Adonis, Kurios, Dominus, avaient la même signification.
« Les Phéniciens, regardant le soleil comme seul Maître de
l'univers, l'appelaient Beelsamen, ce qui signifie seigneur du
ciel en leur langue, et Zeus chez les Grecs. » (Eusèbe. *Préparat.
évangélique*). C'est d'ailleurs du mot Zend *Khoro*, en persan
Kouroush, soleil, que les Grecs ont fait *Kuros*, puissance et
Cyrus nom royal.
(3) Tous les dieux s'étaient fondus en un seul, et ce monothéisme avait pris un caractère solaire. M. Renan parle de la
chimère d'Héliogabale voulant établir « un culte monothéiste
central à Rome, absorbant tous les autres ». Sur un tombeau on
a trouvé, sous la formule *Diis manibus* (D. M.), cette inscription : « Fossoyeur, garde-toi de creuser ici, nous sommes sous
l'œil d'un grand Dieu. » A Vérone, sur un autel, on lisait cette
dédicace : « Au grand Dieu éternel », et sur un autre : « Au grand
Dieu et au bon destin ». En Phrygie, un tombeau portait cette
inscription : « Par la grandeur de Dieu et par les esprits des

II. — *Dernière transformation*. — Les fondateurs du christianisme adoptèrent cette croyance
à un dieu unique, Seigneur et Maître du monde,
qui correspondait à la fois au mouvement monothéiste païen, et aux traditions aryennes dans lesquelles ils avaient puisé leurs doctrines.

L'idée d'un dieu unique, personnifié par le
soleil, avait pris une signification spiritualiste
sous l'influence des doctrines pythagoriciennes.
Origène l'entendait ainsi lorsqu'il disait que « s'il
fallait adorer les corps célestes, ce n'était pas à
cause de leur lumière sensible, mais à cause de la
lumière spirituelle », (*Contra Celse*, V). Tertullien donne à entendre que, malgré les apparences contraires et les marques extérieures de
vénération pour le soleil, ce n'est pas à l'astre
lui-même que s'adresse le culte chrétien : « D'autres, avec plus de raison ou de vraisemblance
croient que notre dieu est le Soleil. Cette idée
vient, apparemment de ce que nous nous tournons
vers l'orient pour prier. Si nous donnons à la
joie le jour du Soleil, c'est pour une raison autre
que le culte de cet astre. Ce que nous adorons est
un seul dieu ». (*Apologétique*, 16, 17).

Ces distinctions métaphysiques, quelque peu
subtiles, devaient échapper à la masse des fidèles

régions souterraines, nous supplions que l'on respecte ce monument » (*Rev. de l'hist. des relig.* 1888. p. 82). Cette expression
était encore fréquente chez les païens au troisième siècle : « Nous
les entendons souvent parler de Dieu, écrit saint Cyprien, et
dire que Dieu voit tout. » Voici encore une épitaphe païenne
inspirée par la même idée : « Toi qui liras ces lignes sans en
être touché, tu auras Dieu pour témoin. » (*Ibid.*)

qui continua à voir dans le culte du Soleil ce
qu'elle y avait toujours vu, l'adoration du Très
Haut, de l'astre tout puissant, Seigneur et Maître
du monde. Cette identification du Soleil et du Seigneur persista dans les esprits avec sa signification primitive. Au septième siècle, elle y était
encore si invétérée que saint Éloi crut devoir inter-
dire, dans son diocèse, d'appeler le Soleil, le
Seigneur, et de jurer par lui (1). Huit siècles plus
tard, en 1547, on voit l'antique croyance reparaître
naïvement, dans un Mystère, représenté à Valenciennes, où Dieu le père, placé sur son trône, était
figuré avec un soleil et des rayons de bois recou-
verts de papier doré (2).

Le vieux culte du Soleil était si profondément
enraciné dans les cerveaux, que le christianisme, qui n'est parvenu qu'après cinq siècles à
faire admettre l'ère chrétienne, est resté impuissant
à modifier le calendrier païen, dont le premier
jour est consacré au Soleil, et les autres à la
Lune et aux planètes. Cette antique tradition est
demeurée intacte. Chez les peuples modernes, le
premier jour de la semaine a conservé le nom de
jour du Soleil (3).

---

(1) *De rectitudine catholicæ conversationis.*
(2) *Revue archéologique*, 1891. p. 304.
(3) En Germanie, il s'appelait *die sonne*, il s'appelle aujour-
d'hui en allemand *sonntag*, en hollandais *zondag*, en anglais
sunday. Dans les pays latins, il a gardé le nom, que lui avaient
donné les Romains, de jour du Seigneur, *dies domini*, dont on
a fait en français *dimanche*, en italien *domenica*, en espagnol et
en portugais *domingo*. Les autres noms de la semaine ont
aussi conservé leur dénomination païenne, correspondant au culte
solaire. Le second jour est resté celui de la Lune, *lunæ dies*,
lundi; le troisième, le jour de Mars, *martis dies*, mardi; le

Le symbolisme catholique a contribué lui-même à maintenir le vieux culte solaire en donnant au Saint-Sacrement la forme du disque lumineux du soleil. Cet ornement d'autel, emprunté au culte bouddhique, n'est pas autre chose que la figuration du vieux mythe solaire, comme en témoigne un ostensoir bouddhique en bronze du Musée Guimet, représentant le soleil entouré de la lune et des six planètes (fig. 3). Sur l'ostensoir catholique on retrouve la Lune, figurée par la boîte formée de deux cercles en cristal, placée au centre, et appelée encore aujourd'hui, en langage ecclésiastique, la *Lunule*. On l'appelait jadis le *Croissant*, parce qu'elle était munie d'un arc de cercle avec une rainure dans laquelle on plaçait l'hostie (1). Quant aux planètes, si elles ne sont plus marquées sur l'ostensoir lui-même, elles restent figurées par les six cierges allumés, qui

3. — Ostensoir bouddhi-
que (Musée Guimet)

entourent, sur l'autel, le Saint-Sacrement. Ce caractère symbolique est si frappant que, dans les inventaires des mobiliers d'églises qui furent faits

---

quatrième celui de Mercure, *mercurii dies*, mercredi ; le cinquième celui de Jupiter, *jovis dies*, jeudi ; le sixième celui de Vénus. *veneris dies*, vendredi, et le septième celui de Saturne, *saturni dies*, samedi.

(1) Mgr André. *Cours de législat. ecclés.* V° *Lunule*. Paris, 1869.

à l'époque de la Révolution, le Saint-Sacrement est toujours désigné par ces mots : « Un soleil d'or, un soleil de vermeil ». Le 11 nivose an II, le curé de la commune de Villers-Saint-Joseph (Nord), menacée par l'invasion, allait déclarer à la Municipalité qu'il avait fait transporter à Valenciennes les vases sacrés et « le Soleil de ladite paroisse. » (1).

Dans le temple du soleil à Cuzco (Pérou), un disque en or, représentant le soleil, était placé sur le mur occidental juste en face de la porte ouverte à l'orient, de manière que les rayons de l'astre divin vinssent frapper ce disque et jeter leur éclat dans le sanctuaire (2). L'usage de se tourner vers l'orient pour prier et de placer les églises dans cette direction, de façon que la lumière du soleil vienne frapper le disque d'or du Saint-Sacrement, placé vis-à-vis la porte de l'église, a été longtemps pratiqué.

La trace du culte solaire se trouve aussi dans l'ancien rite du baptême, où le catéchumène se tournait d'abord vers l'occident pour repousser Satan, l'emblème des ténèbres, puis se retournait vers l'orient et jurait fidélité à son nouveau maître (3).

Jusqu'à la Révolution, une congrégation de femmes, vouées à l'adoration du Saint-Sacrement,

---

(1) *Archives nationales.* F. 19. 887.— Le symbolisme des animaux évangéliques se rapporte aussi au culte solaire. (V. *infrà,* chap. V).

(2) Véron. *Histoire natur. des religions.* Paris, 1885, t. I, p. 148.

(3) Cyrille de Jésusalem. *Catéchisme mystagogique.*

portait le nom de *Sœurs du Soleil* (1). Les sœurs
de la congrégation du Saint-Sacrement, fondée en
1659, ont sur leur robe noire deux broderies
en soie jaune représentant le Saint-Sacrement renfermé dans un soleil (2).

Tous les efforts de la métaphysique et de la sco-
lastique n'ont pu arriver, même sous couleur d'idéa-
lisme et d'abstraction, à sophistiquer le sens des
mots. Ils sont ce qu'ils sont, l'image d'une
image. Aussi quand le symbolisme chrétien voulut
représenter Dieu le père, il lui fallut bien, à peine
d'être incompris, peindre l'image que ce mot représente, c'est-à-dire le Soleil lui-même, soit sous la
forme du disque solaire introduit dans l'ostensoir,
ou placé sur la croix, l'antique emblème du feu,
fils du soleil, soit sous la forme d'une main symbolique, mode primitif de personnification du Soleil.

Les diverses métamorphoses des images représentant Dieu le père (le soleil) sont intéressantes
à étudier.

Dans la vieille Égypte, le mythe de la Trinité
était figuré, à Karnak, sur un pylône du temple
d'Horus, seize siècles avant J.-C., par un disque
solaire d'où sortaient des rayons terminés par une
main apportant la croix (l'instrument servant à
obtenir le feu). C'était une symbolisation frappante
et caractéristique de l'ancien mythe védique (fig. 4).

Le paganisme, à son tour, reproduisit cet antique
symbolisme, en représentant le Soleil (le Seigneur),

---

(1) Mém. de la Soc. des antiq. de la Morinie, t. VII, p. 166.
(2) A. Marchand. *Moines et nonnes*, Paris, 1882, t. II, p. 73.

par une main sortant des nuages, comme on le voit

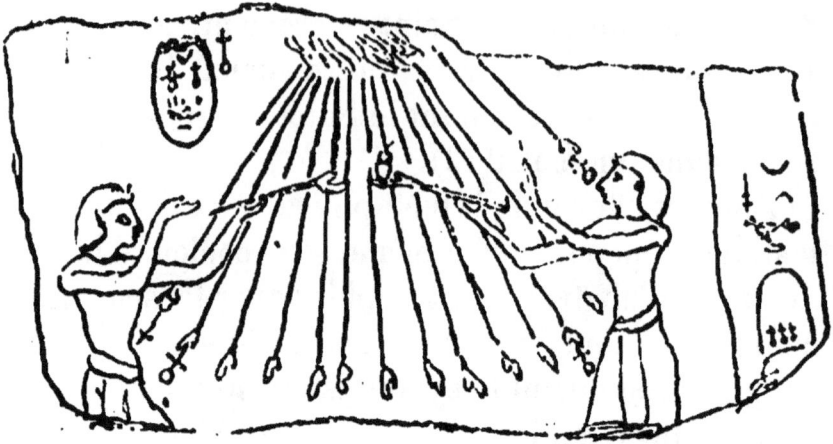

4. — Le Soleil apportant le feu. (Temple de Karnak).

sur une médaille figurant l'apothéose de Constantin (fig. 5).

5. — Apothéose de Constantin.

6. — La main solaire apportant le feu symbolisé par la croix.

Cette forme traditionnelle persista pendant les premiers siècles du christianisme, où Dieu le père (le Seigneur) fut toujours représenté, soit par une main, sortant du disque solaire, et tenant, comme dans le symbolisme égyptien, la croix, suivie de l'image de J.-C. personnification du feu (fig. 6) (1), soit par une main sortant du soleil, entre cette double inscription « Le point du jour. La nuit », et lançant des rayons terminés par l'image de J.-C. (personnification du feu) (fig. 7) (2).

7. — La main solaire apportant le feu personnifié par J.-C.

Les archéologues sont d'accord pour reconnaître que, jusqu'au ixe siècle, Dieu le père n'a jamais été figuré autrement que par le vieil emblème païen de la main solaire avec les rayons et la croix (3).

Vers le milieu du ixe siècle, le sens primitif et scientifique de la main solaire étant perdu, on se hasarda à lui substituer la partie principale du corps, c'est-à-dire la tête, puis, un corps humain entier sortant des nuages.

Cette dernière figuration subit, au xiie siècle, une nouvelle transformation. On imagina de grouper les trois éléments du mythe védique, le soleil, le feu et l'air, et de les figurer par Dieu le père (la

(1) *Rev. de l'art. chrétien*, 1858, p. 490.
(2) Millin. *Galerie mythol.* Paris 1811. T. I. pl. 89, no 253.
(3) V. Emeric David. *Hist. de la peinture moderne*. Paris, 1812, p. 43. — « L'idée du Père éternel, n'est jamais exprimée, sur les monuments chrétiens des premiers âges, que par une main qui sort des nuages. L'image (personnifiée) du Père éternel est restée étrangère au christianisme, durant plus de siècles encore que n'en avait attendu le Jupiter olympien pour se manifester sous la main de Phidias ». (*Disc. sur l'origine des types de l'art chrét.*, par Raoul Rochette. Paris, 1834. p. 7.)

tête entourée du disque solaire), tenant dans les
mains un crucifix (emblème du feu) surmonté d'un

8. — Gravure du xv⁰ siècle représentant la Trinité

pigeon (emblème de l'air). (1) Cette image de la
Trinité fit fortune. On la trouve au xiv⁰ siècle, sur

_____

(1) Miniature du xii⁰ siècle de la Bibliothèque du Vatican.
Grimouard, *Guide de l'art chrétien*. T. II. p. 116.
   Le pigeon, remplaçant l'épervier, l'oiseau sacré du mythe vé-
dique, symbolisait depuis longtemps, pour les populations ara-

un tryptique en ivoire (1), dans une sculpture de l'é-
glise de Verrières (Aube) (2), et sur beaucoup
d'autres monuments de l'art chrétien de cette
époque.

Au xve siècle, une audacieuse innovation transforma le personnage représentant Dieu le père, en
un pape, coiffé de la tiare (fig. 8). Cette figuration
de la Trinité, qui ne tendait à rien moins qu'à
faire du pape une manière d'incarnation divine, à
la façon bouddhique, après avoir été à la mode
jusqu'au xviiie siècle, fut ensuite abandonnée. La
décadence de l'image personnifiant Dieu le père
entraîna celle du Saint-Esprit. Tous deux furent
victimes d'une mode nouvelle, qui les a impitoyablement sacrifiés au profit des portraits de
J.-C., de la Vierge et des Saints.

---

méennes, la force créatrice couvant l'œuf du monde. La colombe
de Noé, planant sur les eaux du déluge, était une des formes
« du souffle d'Elohim » c'est-à-dire de l'air, d'où est venue
l'idée de figurer le Saint-Esprit (le souffle de l'air) par une colombe. Les Assyriens vénéraient depuis longtemps cet oiseau
comme une divinité. Une de leurs légendes rapportait que Sémi-
ramis avait été, à sa mort, changée en colombe.
(1) D'Agnincourt. *Hist. de l'art par les monuments.* Paris, 1823.
(2) Grimouard, *loc. cit.* p. 172

CHAPITRE III

LA CROIX

I. — *Le culte du feu.* — Nous avons vu que le premier procédé adopté pour obtenir le feu avait excité une telle admiration que l'instrument employé à cet usage, composé primitivement de deux bâtons placés en forme de croix, fut considéré comme sacré. Son image vénérée a été retrouvée gravée sur des monuments de la période préhistorique de la pierre polie, époque à laquelle le bronze et le fer étaient encore inconnus. Elle est tracée sur les dalles d'une sépulture de cette époque, découverte à Brézé (Maine-et-Loire) (1). Dans les stations lacustres du lac du Bourget, antérieures aussi à l'âge du bronze, on a découvert le même signe mystique, gravé en creux sur des poteries, (fig. 9), sous une forme semblable à celle qui figurera plu-

9. — Poterie préhistorique du lac du Bourget.

---

(1) *Revue de l'école d'Anthropologie.* 15 avril 1891, p. 120.

sieurs milliers d'années ensuite sur les monnaies chrétiennes de Louis d'Outremer (940) (fig. 10).

10. — Monnaie de Louis d'Outremer

Le Musée de Parme possède un vase des terramares de Castione, datant de l'âge du bronze, sur lequel la croix est représentée par une figure analogue à celle qu'on retrouve plus tard sur les monnaies chrétiennes de Raymond de Turenne (1385) (1). Les terramarres d'Émilie, appartenant à la même époque, contiennent fréquemment le signe de la croix gravé sur des poteries d'usage domestique.

Lorsqu'à l'âge du bronze a succédé, dans l'Émilie, le premier âge du fer, longtemps avant l'invasion des étrusques, la croix s'est maintenue comme emblème religieux, ainsi que le prouve le cimetière de Villanova. Au musée des antiquités de Besançon, un vase ossuaire de cette époque porte plusieurs croix gravées (2).

A Callernish, dans l'île de Lewis (Hébrides), on a découvert une grande croix en pierres de la période préhistorique. Le docteur Phéné, qui en donne le dessin (fig. 11), ajoute : « La croix était un des plus vieux emblèmes usités chez les hommes préhistoriques ; et ce n'était point, cela est certain, un emblème secondaire et accidentel, mais un objet de profonde vénération. Nous le trouvons avec le caractère bien marqué de symbole reli-

---

(1) *Revue ethnographique*, 1885, p. 326.
(2) De Mortillet, *Le signe de la croix avant le Christianisme*, Paris, Reinwald, p. 165.

gieux dans les quatre grands continents. » (*Pre-
historic customs*) On a trouvé aussi à Newgrange
(Irlande) un monument celtique, dont les grands
blocs bruts dessinent
nettement une croix.

Lorsque la manière
d'obtenir le feu se fut
perfectionnée par l'in-
vention du swastika,
la figure de cet instru-
ment fut également
considérée comme sa-
crée. On en a retrouvé
un très grand nombre
dans les palafittes du
Bourget, de la période
de l'âge du bronze (1).
Elle est reproduite,
comme emblème de vie,
sur une figurine de

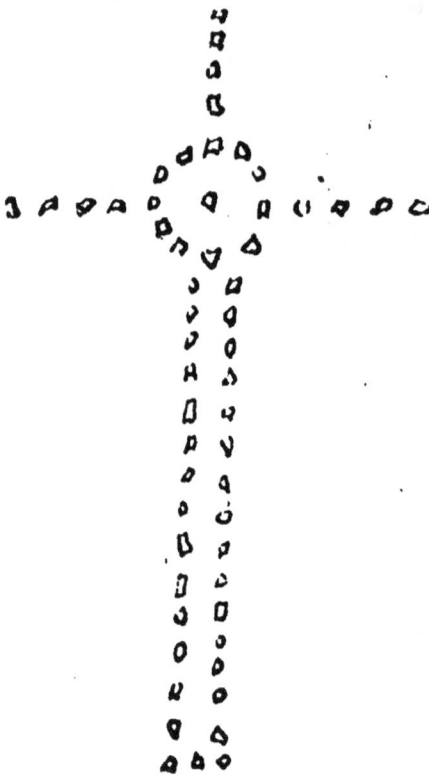

11.— Croix en pierres de Callernish cette époque, trouvée
à Hissarlik (Asie Mi-
neure), représentant une femme vêtue du Swastika (fig. 12) (2). Elle est gravée sur une mul-
titude de vases et d'objets antiques de Troie, de
Rhodes, de Chypre, de Grèce et d'Italie, cor-

---

(1) *Rev. de l'école d'anthropol.* 1891, p. 148.
(2) M. Ramzay a signalé l'existence de Croix gammées sur le
vêtement d'un personnage d'un bas-relief hittite d'Ibriz, en Lyca-
nonie. Une terre cuite, représentant une femme portant au milieu
du corps une croix gammée, découverte dans un tumulus de
Thrace, est conservée au musée d'histoire naturelle de Vienne
(*Rev. archéol.* 1895, p. 377).

respondant aussi à cette époque préhistorique.
C'est ce même signe qui figure, plusieurs milliers
d'années ensuite, sur la tunique d'un
fossoyeur chétien des catacombes de
saint Callixte, à Rome. (Fig. 13).

A l'époque suivante, qu'on appelle
Hallstallienne et qui est intermédiaire
entre l'âge du bronze et celui du fer,
on trouve la croix simple et la croix gammée (Swasti-ka) dans des sépultures de
Golasecca (Italie), sur des agrafes, fibules, épingles et poteries dé-posées dans

12. — Femme
vêtue
du Swastika.

13. — Fossoyeur chrétien
portant le Swastika.

les tombes. Sur quelques-
unes le disque du soleil est
placé à l'intersection des deux branches (fig. 14),
tel qu'on le verra plus tard, sur la croix catholique.

14. — Croix préhistoriques de la période hallstallienne.

Dans l'Inde, l'usage du feu paraît avoir reçu
dès l'origine une application industrielle importante, par le traitement du minerai de fer avec

l'étain. Cette contrée passe pour avoir été le berceau des arts et de l'industrie, qui furent répandus ensuite dans l'Europe par le Caucase. La machine à faire le feu y était en si grande vénération, qu'elle a donné naissance à la légende fameuse de la Trinité védique. Des temples, comme ceux de Bénarès et de Mhuttra, sur le Djemna, avaient la forme d'une croix. Celui de Chillambrun formait une vaste croix, longue d'un kilomètre et demi, composée de vingt-huit pyramides.

L'adoration du feu et de son symbole formait le principal élément du Mazdéisme, qu'on a appelé la religion du feu. Les derniers sectateurs de Zoroastre, les Guèbres, sont encore désignés de nos jours sous le nom d'adorateurs du feu (1).

En Perse, un hymne consacré au culte du feu débutait ainsi :

O Feu, seigneur suprême, qui s'élève sur la terre, — Feu, par ta flamme étincelante, tu fais la lumière dans la demeure des ténèbres ; tu établis la destinée pour tout ce qui porte un nom. — Celui qui mêle le cuivre à l'étain, c'est toi, — Celui qui purifie l'argent et l'or, c'est toi, — Celui qui bouleverse d'effroi la poitrine du méchant dans la nuit, c'est toi... » (2).

---

(1) Hovelacque, L'Avesta, Zoroastre et le Mazdéisme. Paris, 1880, p. 227. Chez les Guèbres, comme chez les Parsis, qui habitent aujourd'hui le Kerman et le Goudjerate, les traditions du culte du feu, dont les cérémonies étaient réglées dans le Zend Avesta, sont demeurées si vivaces, que lorsque le feu vient à s'éteindre, parmi les moyens dont il est prescrit de se servir pour le rallumer, figure le frottement l'un contre l'autre de deux morceaux de bois (Rev. d'Ethnographie, 1885, p. 336).

(2) Dr Lebon, Les premières civilisations, p. 663. — Agnus dei qui tollis peccata mundi, est une invocation au feu, qui enlève les impuretés du monde.

En Chine, le symbole de la croix était vénéré dès la plus haute antiquité. L'empereur Fou-Hi, qui régnait 2,953 ans avant notre ère, et qui inventa des instruments de musique, avait tracé les éléments de l'écriture sur des tableaux magiques dans lesquels apparaît le signe de la croix (fig. 15).

15.— Croix mystique tracée par l'empereur Fou-Hi.

Dans la religion bouddhique, fondée six siècles avant J.-C., le même signe est marqué sur les objets du culte et les images des divinités. Le swastika est gravé sur la poitrine d'un Bouddha, dont la statuette en cuivre fait partie de la collection du Musée Guimet (fig. 16).

On retrouve le signe mystique

16. — Statuette du Bouddha Amitâba (Musée Guimet)

dans un dessin représentant une religieuse bouddhiste (bonzesse), le cou ceint d'un chapelet, portant dans une procession une bannière surmontée de la croix (fig. 17) (1).

---

(1) Revue d'Ethnographie, 1888, p. 25. — Le Bouddhisme fut introduit en Chine vers l'an 217 avant J.-C., et au Thibet vers l'an 135 avant J.-C.

3

C'est le même signe qu'on voit encore aujourd'hui planté dans les champs, en Corée, pour éloigner les mauvais esprits. Il figure l'esprit protecteur des champs (fig. 18.)

En Egypte, le signe

17. — Religieuse bouddhiste en procession.

de la croix apparaît, dès la plus haute antiquité, sur la plupart des monuments, sur les vases consacrés aux cérémonies religieuses, sur les vêtements des prêtres, au cou

des guerriers, ou à la main des divinités (1)
(fig. 19). Sur un des pylônes du temple d'Horus,

18. — Esprit protecteur
des champs en Corée.
(Musée Guimet).

19. — Divinité égyptien-
ne présentant la croix
ansée.

à Karnak, le dieu soleil était représenté par
un disque d'où partaient
des rayons terminés par
des mains tendues qui portaient la croix, figuration
symbolique de l'origine et
l'émanation du feu terrestre
(fig. 4).

En Assyrie, on trouve le
même signe sacré dans le
costume de grands prêtres,
comme Samsi-Bin (fig. 20)
et Samsi-Voul (835 avant

20. — Croix de Samsi-Bin.

(1) Rev. de l'hist. des Relig. 1889, p. 118. — La croix portée
à la main ou suspendue au cou des initiés, était munie à l'extrémité d'un anneau ou anse, d'où le nom de croix ansée, qu'on
lui a donné.

J.-C.). Sur la croix que ce dernier portait suspendue au cou, le disque solaire était placé à l'intersection des branches (fig. 21).

21. — Croix de
Samsi-Voul

La réunion de la croix et du
disque solaire a donné lieu à une
figure combinée, qui était le signe de la puissance et de la souveraineté chez les Chinois et les
Indous (fig. 22).

Les Phéniciens donnaient à
leurs temples la forme d'une
croix. Ils plaçaient ce signe à
l'extrémité du sceptre que tenait
à la main la déesse Astarté (Vénus) (fig. 23).

22. — Symbole de
la souveraineté

En Afrique, le signe de la croix
était vénéré comme celui du soleil. M. le docteur Bertholon a
découvert récemment, en Tunisie, chez les populations musul-
manes, des tatouages symboliques représentant le soleil et le
feu sous la forme du disque et de
la croix (1).

23. — La déesse
Astarté (Vénus)
enPhénicie.

Au Mexique, des croix étaient gravées sur les
bas-reliefs du temple de Palenque et sur les monuments de Cuzco, au centre même du culte du
soleil (2).

_____

(1) *Bulletin de géographie*, publ. p. le Min. de l'Inst. publ.
1891, p. 467.
(2) De Nadaillac. *L'Amérique préhistorique*, Paris, 1883, p.
175.

M. de Nadaillac, qui relate ce fait, ajoute qu'en 1518, lorsque Grijalva débarqua sur la côte du Yucatan, sa surprise fut grande de voir le signe de sa foi dominer les temples des indigènes.

Les Indiens Wolpi, dans leurs danses sacrées, portent un emblème représentant le swastika peint en noir

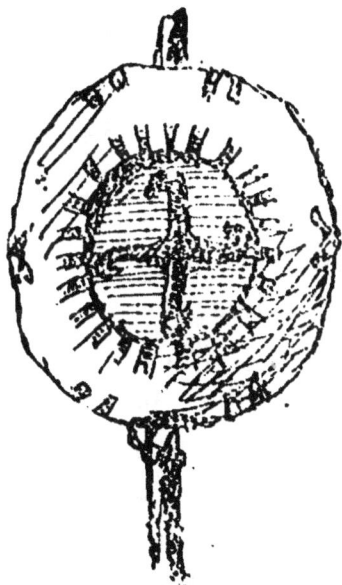

21. — Emblème des Indiens Wolpi.

sur un fond blanc et entouré d'un disque rayonnant (1) (fig. 24).

Cook, dans son deuxième voyage, fut étonné de voir des sauvages de la Nouvelle-Zélande, planter sur la tombe d'un des leurs une croix ornée de plumes (2).

Dans l'ancienne Gaule on

25. — Dieu gaulois.

trouve le signe de la croix sur une figurine représentant un dieu national assimilé à Jupiter

(1) *Revue d'ethnographie.* 1885, p. 16.
(2) *Hist. univ. des voyages*, t. VIII, 180.

(fig. 25), et sur des monnaies (fig. 26). Sur une de ces monnaies, reproduites par M. de Mortillet, la croix est placée au milieu d'un disque (1) (fig. 27).

En Grèce, 1249 ans avant J.-C., les sept chefs devant Thèbes portaient comme insigne la croix placée sur le disque solaire. M. le docteur Schliemann a découvert un de ces insignes dans des fouilles récentes pratiquées à Mycènes (fig. 28). On a trouvé aussi le swastika (la croix gammée) sur des vases de style mycénien. Un monument consacré à Mercure ethonien présente même la forme d'un calvaire (fig. 29). Une stèle semblable a été trouvée en Thessalie.

26. — Monnaie gauloise trouvée à Choisy-le-Roi.

27 Monnaie gauloise.

28. — Croix d'un des sept chefs devant Thèbes.

29. — Monument consacré à Mercure.

Sur des médailles gréco-romaines, la fortune est représentée tenant un mât de navire muni de la croix mystique qui devait conduire à bon port (fig. 30).

Pendant toute l'antiquité païenne, on

30. — Médaille gréco-romaine.

(1) *Le signe de la croix avant le christianisme*, p. 155.

retrouve le signe de la croix dans les temples, dans les maisons et sur les images des divinités. On le voit sur des ornements de Bacchus (fig. 31) et de la déesse Diane (fig. 32) (1). A Rome, les Vestales,

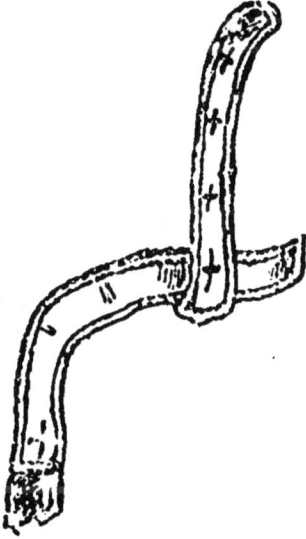

32. — La déesse Diane

31. — Ornement de Bacchus.

gardiennes du feu sacré, portaient au cou une croix, emblème de leurs fonctions.

Une peinture murale d'Herculanum, conservée au musée de Naples, représente l'Amour *(eros, cupido)* conduisant Diane vers Endymion. L'Amour est figuré par un jeune enfant avec des ailes, portant au-dessus de la tête le signe du feu qui embrase le cœur *(uritur infelix Dido)*. Cette fresque met en lumière le véritable sens symbolique de la croix dans l'antiquité (fig. 33). Dans plusieurs autres peintures de Pompéi et d'Herculanum, le jeune dieu est aussi représenté la tête surmontée du même signe.

Trente ans avant J.-C., sur des médailles du

(1) D. Guigniaut. *Relig. de l'antiquité.*

triumvir Marc Antoine, la galère prétorienne

33. — Peinture d'Herculanum

était munie de la croix symbolique (fig. 34.)
Les premiers chrétiens adoptèrent d'autant
plus facilement ce
signe mystique
qu'ils le trouvaient
dans les traditions
aryennes qui for-
maient le fond des
doctrines des évan-
giles. A l'exemple
des disciples de
Mithra, le dieu-
soleil des Perses,
ils s'en tatouaient

34. — Médaille de Marc Antoine

le front ou le marquaient sur leurs vêtements (1).
(fig. 13.) Cet usage était d'ailleurs pratiqué
depuis longtemps par les bouddhistes, dont le
front portait ce même signe qu'y traçaient les
brahmanes (Burnouf).

(1) Dulaure. *Histoire des différents cultes*, t. I, 521.
Le tatouage est d'un usage fréquent chez les primitifs. Ce fut
la première écriture. La coquetterie s'en empara, et l'homme se
festonna la peau comme ornementation. Certains tatouages
furent aussi des signes de commandement. Les chevaliers des
premiers ordres portaient leurs décorations sur la peau, incrus-
tées ou pigmentées. Ezéchiel, dans ses prophéties, montre les
Hébreux marqués au front du signe mystique de la croix. Sainte
Marie de Chantal s'était tatouée le sein en y traçant au fer rouge
le nom de Dieu.
Ces habitudes se sont perdues avec la civilisation. En dehors
des populations sauvages, qui les conservent encore, elles ne
subsistent, dans les peuples modernes, que chez les arriérés, les
dégradés ou les dégénérés, comme des survivances du passé.
On les rencontre aussi chez certains marins, par régression imi-
tative, résultant du contact avec les peuplades sauvages, de
même que dans les bagnes et dans les ports de mer, sur des
prostituées de bas étage. On a remarqué que, dans les prisons,
parmi les tatouages, figure assez souvent la croix. (Pignorini-
Beni. *Le tatouage au pélérinage de N.-D. de Lorette*. Archives
de l'anthropol. crim. 1891).

II. — *Dernière transformation*. — Ce signe mystique universellement connu et vénéré n'avait pour les chrétiens que son antique signification emblématique. Personne n'y voyait l'image d'un instrument de supplice que la légende n'avait pas encore inventé. Le genre de supplice usité à l'époque de la mort, réelle ou supposée, de celui à qui les évangiles donnèrent le nom de Jésus (sauveur), et Christ (oint), était la pendaison à une potence. Par le mot *crux* (croix), les Romains entendaient une potence, et le mot crucifier signifiait pendre (1). Les trois premiers évangiles ou légendes écrites, attribués à Luc, Marc et Mathieu, sont muets sur les clous, et ne parlent que de gibet et de pendaison. La chose était si claire pour tous, que les gentils appelaient le nouveau Dieu des chrétiens « le pendu » (2).

Ce n'est que dans l'évangile de saint Jean, postérieur de près d'un siècle (3), qu'apparaît la légende du crucifiement avec des clous et de la prétendue croix portée par le condamné, alors que les condamnés étaient attachés à des potences placées à demeure (4). Il faudra près de huit siè-

---

(1) Pétrone. *Satyricon*. III. 112.
(2) *Les sectes à l'encan*, p. 314. — Origène. *Contrà Celse*. II. 2.
(3) L'évangile de saint Jean paraît avoir été écrit vers le premier tiers du iiᵉ siècle. (Veron. *Hist. nat. des relig.* II, 207).
(4) Chez les Romains les criminels étaient attachés à une potence pour être fustigés, exposés et mis à mort. Ce poteau, quelquefois un arbre, était désigné par le mot *crux*. Cette manière de faire subir leur peine aux condamnés s'est continuée jusqu'à la fin de l'antiquité. Sur une lampe du iiiᵉ siècle, on voit un homme livré aux bêtes ainsi lié à un pieu.
Le mot *stauros*, qui désigne la croix dans le texte du nouveau testament, signifie proprement un pieu, et le mot *crux* a le même

clos pour que cette légende finisse par l'emporter sur celle des autres évangiles et suggère l'idée de placer le corps de Jésus-Christ sur la croix. La crucifixion du Christ, c'est-à-dire la croix sur laquelle est attachée une figure, n'apparaît pas avant le huitième siècle. De sorte qu'il a fallu sept cents ans pour que, selon l'expression de M. le pasteur Mourant Brock, « les hommes osassent fabriquer une image taillée de leur dieu et l'adorer » (1).

L'examen des monuments religieux du christianisme va nous révéler comment s'est opérée cette transformation.

A l'origine, les chrétiens ne figuraient pas le symbole de la croix par un signe unique. Ils adoptaient indifféremment les divers signes consacrés par l'usage, qu'on retrouve dans les catacombes :

✝☦✕✳✳ Le dernier de ces signes a même été longtemps considéré comme le monogramme du Christ, par des archéologues qui le

---

sens dans Tite-Live. Les Hébreux désignaient simplement la croix par le mot bois.

Un dessin informe, trouvé au palais des Césars sur le Palatin, représente un âne crucifié. L'imagination des archéologues chrétiens y a vu une caricature païenne du supplice de Jésus-Christ. Si tel était le sens de ce dessin, qui se trouve au musée Kircher à Rome, et que Garucci suppose remonter au IIIe siècle, il en résulterait que Jésus-Christ n'aurait pas été crucifié sur une croix, mais sur un pieu terminé par une barre transversale.

(1) « Sur toutes les peintures des catacombes, il n'y a aucune scène de la passion. Le seul exemple de crucifix qu'on y connaisse, dans la catacombe de SS. Jules et Valentin, est du huitième siècle ». (Raoul Rochette. *Disc. sur l'orig. des types de l'art du christ.* Paris. 1834. p. 58).

croyaient formé des deux lettres *chi* et *ro* les deux premières du mot grec Xristos.

35. — Médaille lydienne

36. — Médaille de Lagides

37. — Médaille de Flacille

38.— Médaille des Flaviens.

39.— Médaille de l'empereur Anthème

Cette hypothèse a été détruite par de récentes découvertes.

On a retrouvé, en effet, ce signe mystique au fond d'un vase funéraire de Golasecca, remontant à plus de mille ans avant J.-C. Il est vrai qu'à l'origine on n'y trouve que les trois branches. Mais, dans la suite, la barre verticale fut ordinairement terminée par un demi cercle formant le P. C'est sous cette dernière forme qu'on le voit sur une médaille lydienne représentant le dieu Bacchus traîné sur un char (fig. 35), sur une médaille des Lagides, de l'époque de Ptolémée III, c'est-à-dire plus de deux siècles avant J.-C. (fig. 36), sur des monnaies d'Hérode le Grand, sur une médaille de Flacille, épouse de Théodose le Grand (fig. 37). sur des médailles des Flaviens (fig. 38), de l'empereur Anthème (fig. 39), de Valentinien, de l'empereur Julien, sur des tétradrachmes d'Athènes et sur des monnaies achéennes (1).

La doctrine chrétienne reproduisant la trinité védique, son symbolisme se modela sur les données de la tradition aryenne. Le feu, déjà figuré par la croix, étant personnifié par Agni, on vit apparaître dans le symbolisme chrétien la personnification du feu sous la forme d'un agneau mystique, et les deux signes furent complétés par le disque du soleil.

40. — Lampe chrétienne de Carthage

41. — Peinture de l'église de Genest

Dans un grand nombre de lampes chrétiennes des premiers siècles, qui ont été reproduites par le R. P. Delattre, dans la *Revue de l'art chrétien* (1891 et 1892),

---

(1) L'histoire de cette légende archéologique est assez piquante. Les premiers chrétiens ne voyaient dans ce signe, comme les païens leurs contemporains, qu'une des formes d'un vieux symbole transmis traditionnellement de peuple à peuple.

Au moyen âge, des moines, ignorant les véritables origines de leur religion et naturellement enclins à tout y rapporter, remarquèrent que ce signe mystique ressemblait à une croix traversée par la lettre latine P. Ils en conclurent que c'était un symbole chrétien, qui devait signifier *pro christo*, et ils l'appelèrent ainsi. La dénomination fit fortune.

Au xvi° siècle, Baronius découvrit à son tour que le signe $\times$ ressemblait à la lettre grec *chi* et la tige verticale ansée P qui le traversait, à la lettre grec *rho*. Il en conclut que ce signe, composé des deux premières lettres du mot Kristos, était le monogramme de Christ. Tous les archéologues chrétiens ont admis sans hésiter cette explication aussi bien que la précédente.

Elles furent même consacrées avec éclat par une découverte encore plus étonnante. En 1845, M. l'abbé Didron, dans un volumineux ouvrage sur l'*Iconographie chrétienne*, a imaginé d'éta-

on voit l'Agneau, personnification du feu, portant
la croix, symbole du feu, entouré du disque solaire
(fig. 40). Ce symbolisme primitif reparaîtra même
après ses diverses transformations. On le retrouve
au xɪɪᵉ siècle, sur une peinture murale de l'église
de Genest (Mayenne), où l'agneau (Agni) est représenté portant la croix, la tête entouréedu disque
du soleil (fig. 41).

Cette image de l'agneau a persisté dans les
agnus dei, sur la porte des tabernacles et le devant des autels (1).

Le symbolisme de l'agneau, inspiré par la légende d'Agni, doit son origine, dans l'église latine, à l'identité des deux noms : Agnus, Agni (2).
C'est le résultat d'un jeu de mots analogue au
fameux : Pierre, tu es pierre. Cette confusion se
trouvait déjà dans l'évangile de saint Jean. L'a-

blir le caractère divin et providentiel de ce signe mystique, par
la seule inspection de la main de l'homme. Voici le procédé fo.t
simple qui permet à chacun de vérifier le fait : « Le pouce, dit
l'abbé Didron, se place en travers du quatrième doigt, le cinquième est aussi un peu courbé, ce qui forme l'indication du
mot christos; car la réunion du pouce et du quatrième doigt
forme un ✕ et le petit doigt forme par sa courbure un C. Ces
deux lettres sont l'abrégé de christos. Ainsi, *par la divine providence du créateur*, les doigts de la main de l'homme, qu'ils
soient plus ou moins longs, sont disposés de manière à pouvoir
former le nom du Christ ».

(*Manuel d'Iconographie chrétienne*. Paris. 1845. p. 456).

Pourquoi faut-il que de si ingénieuses théories aient été mi.es
à néant par les découvertes positives de la science !

(1) On la voit notamment, dans la salle du trésor de la cathédrale de Soissons, sur une peinture du xiiᵉ siècle (*Gazette des
Beaux-Arts*. 1832. II. p. 63), sur un sceau de la Chartreuse de
Montrieu, du xiiiᵉ siècle (*Rev. de l'art chrét*. 1858. pl. ɪᴠ), dans
la galerie d'Apollon, au Louvre, sur la patène d'un vieux ciboire.

(2) L'image n'était pas nouvelle, puisque Jupiter Ammon était
représenté sous la forme d'un agneau et invoqué sous le nom
de *Sauveur*. Mithra était aussi appelé, à Rome, du temps d'Au-
guste, « Sauveur du monde, *Salvator mundi* ».

gneau était si bien identifié au feu divin, que l'Apocalypse, dans sa grande théorie de la « cité mystique », considère l'agneau comme « son flambeau ».

C'est pourquoi on le figurait sur des lampes
chrétiennes qui représentaient symboliquement la
lumière du Christ. M. de Martigny en a signalé
une ayant la forme d'un agneau, du sein duquel
jaillit une source d'huile ; cet agneau porte sur la
poitrine et sur la tête le signe de la croix ; sa tête
est surmontée d'un oiseau, image de l'Esprit, ou
de Cyéna. L'épithète d'*agniferus* donnée au pré-
curseur, signifiait celui qui porte Agni (Burnouf).
La confusion était si complète que l'expression
« *corporis agni margaritam ingens* », qu'on
trouve, au VII° siècle, dans Fortunat, évêque de
Poitiers (XXV, 3), est la reproduction d'une formule sanscrite « *Agni-Kaya-Mahâ-Ratnam* »,
qui signifie « le grand joyaux du corps d'Agni. »

42. — Lampe chrétienne
de Carthage

Ce joyau (l'Agneau, Agni,
personnification du feu), fut
ensuite, pour bien préciser
l'identité de la légende, placé
sur la croix, au point où se
croisent les branches, là où
l'on placera plus tard un foyer
de rayons. C'est le point
d'où sort Agni, la première
étincelle de l'opération du
Swastika. C'est ainsi qu'on le voit, sur une des
lampes de Carthage reproduites par le R. P. Delattre. Au dessus de la croix, figure aussi l'oiseau
symbolique, l'Esprit où Cyéna (fig. 42). Au

ıve et au ve siècle, l'agneau seul figure sur la croix, entouré du disque solaire (fig. 43) (1).

43. — Croix primitive.

Jusque là les images de Jésus-Christ ne le représentent que comme un simple prophète, sans aucun des attributs divins du soleil et du feu, qui restent exclusivement attachés à l'agneau. Une peinture du cimetière de Saint-Domitille, du IIIe siècle, représente la sainte Vierge portant Jésus enfant. Or, celui-ci n'a ni disque ni auréole, ni aucun des signes caractéristique de la divinité (2). Plus tard, Jésus-Christ est encore représenté comme un simple prophète

44. — L'agneau divin et Jésus-Christ.

ayant révélé et prêché le culte d'Agni. On le montre, tenant en main, le livre révélateur de la doctrine, l'évangile ; à côté de lui figure la personnification de cette doctrine, l'agneau divin portant la croix. C'est sous cette forme qu'on le voit sur plusieurs figurines reproduites par Garrucci (fig. 44 et 45). (3).

L'identification de l'agneau avec Agni était alors si complète que, sur un des bas-reliefs de l'église de San-Severino, l'agneau tenant la croix et la

(1) V. Martigny. *Dict. des antiq. chrét.* et *Rev. de l'art chrét.* 1862, p. 301 et 1891, p. 153.
(2) *Revue de l'art chrétien.* 1880, p. 110.
(3) *Storia dell' arte cristiana* — *Rev. archéol.* 1892, p. 20.

tête sortant du disque solaire, est placé entre deux
personnages portant l'évangile (1). Jusqu'au vi°
siècle, il est fréquemment représenté assis sur
l'évangile (le livre contenant la
doctrine d'Agni) (2). Bien plus,
au iv° siècle, sur le sarcophage
de Junius Bassus, on le voit
opérant lui-même les miracles
relatés dans l'évangile, tels que
la résurrection de Lazare et
la multiplication des pains (3).
C'est si bien lui, et non le prophète Jésus-Christ, qui a versé
son sang pour le salut du
monde, qu'à la fin du vi° siècle, les peintures représentent l'agneau avec une plaie au côté d'où jaillit
le sang. Dans plusieurs mosaïques, l'agneau est
debout sur un trône, portant la croix, et le sang
qui jaillit de son flanc coule dans un calice (4).

45. — L'agneau divin
et Jésus-Christ.

Lorsque les origines et le sens de la tradition
chrétienne furent mieux connus et compris par
les initiés, on s'aperçut qu'on avait fait fausse
route. Il était clair que la symbolisation d'Agni
sous la forme d'un agneau n'était que le résultat
d'un simple jeu de mots. En réalité, Agni, fils
incarné de Savistri, n'était et ne pouvait être que
Jésus-Christ. L'identité était évidente. Le respect
de la légende védique, reproduite par l'évangile,

---

(1) *Rev. l'art. chrét.* 1862, p. 301.
(2) Martigny. *Dict. des antiq. chrét.* v°. Agneau.
(3) *Ibid.*
(4) *Ibid.*

exigeait l'identification de Jésus-Christ à Agni, et par conséquent sa substitution à l'agneau.

Cette transformation s'opéra par un véritable tour de prestidigitation symbolique.

Pour faire disparaître l'agneau et lui substituer Jésus-Christ, on eut recours à un procédé suggéré par l'ancienne combinaison mythologique des sirènes et des centaures (1).

46. — Agneau à tête humaine.

Cette forme bizarre, mais alors encore familière à tous les esprits, fournit le premier élément de la transition. Au lieu de placer, comme jadis, Jésus-Christ à côté de l'agneau, on les réunit, on les fusionna, en donnant à l'agneau une tête et un buste humains. Cet étrange symbolisme, dont nous venons de donner la clef, se trouve sur plusieurs des lampes chrétiennes reproduites par le R. P. Delattre (2), où l'agneau divin, portant la croix, est représenté sous cette forme (fig. 46).

Puis l'agneau disparaît et on lui substitue la tête du Christ, surmontée de la Croix symbolique, comme auparavant celle de l'agneau. On le trouve

---

(1) Cette figuration mythologique était fréquente en Assyrie, où les divinités étaient représentées, soit par un taureau à face humaine, soit par un lion à tête humaine. En Égypte, le dieu Horus, était figuré avec une tête de faucon, le dieu Râ avec une tête d'oiseau, Thot avec une tête de chien, Bast avec une tête de chat. L'origine de ce symbolisme remonte à la plus haute antiquité. Vishnou, dans ses diverses incarnations, en poisson, en tortue, en sanglier, en lion, en cheval était successivement figuré par un corps d'homme terminé en poisson ou en tortue, et par un homme à tête de sanglier, de lion ou de cheval.

(2) *Revue de l'art chrétien*, 1891, p. 11, et 1892, p. 327.

ainsi représen'é sur un sarcophage chrétien de
la ville d'Arles du iv° siècle (fig. 47. Comp. avec
les fig. 44 et 45).

47.—Sarcophage chétien
d'Arles

Cette figuration n'avait
d'ailleurs rien de choquant.
C'était une simple reconsti-
tution de l'ancien symbolisme du paganisme, dont les
divinités étaient aussi représentées la tête surmontée
du signe mystique, comme
on le voit sur une lampe
antique trouvée en Afri-
que (1), sur deux autres
lampes en terre cuite
appartenant au ca-
binet des médailles
(fig. 48) et sur une
petite médaille en
bronze de Caracalla
représentant de Cas-
tor et Pollux.

48. — Lampe antique (Cabinet des
médailles)

Désormais le
symbolisme trans-
formé va prendre
corps progressive-

ment. La tête de Jésus-Christ est ensuite entourée du disque solaire, comme jadis celle de l'agneau.
C'est sous cette nouvelle forme qu'on le trouve

(1) *Annuaire de la Sociét̀ archéologique de Constantine*, 1862,
pl. III n° 700.

sur une mosaïque de l'abside de Sainte Cruden-
tienne, à Rome, datant du iv° siècle (fig. 49).

Au siècle suivant, sur une mosaïque du tombeau de Gallia Placidia, à Ravennes, Jésus-Christ est entièrement substitué à l'agneau divin, et représenté, comme lui, tenant à la main la croix, et la tête ceinte du disque solaire. (fig. 50). La transition s'était opérée d'autant plus facilement que, sur une médaille de la même époque, on voit l'impératrice païenne Eudoxie représentée exactement de la même façon, tenant à la main la croix mystique (fig. 51). Jupiter était aussi figuré dans la même attitude (fig. 52. Au vi° siècle sur un pixyde

49. — Mosaïque du iv° siècle

50. — Mosaïque de Ravennes (v° siècle)

à hosties, on voit encore J.-C. tenant simplement
la croix à la main (1).

50. — L'impératrice
Eudoxie

52. — Médaille antique
représentant Jupiter.

53.— Fiole en métal du
trésor de Monza
(vie siècle).

On se hasarda ensuite à
placer la tête du Christ sur
la croix, à l'intersection des
deux branches, à l'endroit
même où figurait autrefois
l'agneau divin. C'est ainsi
qu'il est représenté sur une
fiole en métal du trésor de
Monza (fig. 53) (2), et, au
siècle suivant, sur une mosaïque de saint Étienne le
Rond (3), et sur la voûte de
l'abside de Sainte-Apollinaire,
à Ravenne (4).

Quand les fidèles furent bien
préparés au nouveau symbolisme, un décret du Concile de
Constantinople (692) ordonna
de représenter le corps entier
de J.-C. aux lieu et place de
l'Agneau (5).

Malgré cette décision, on
continua encore, par la force
de l'habitude, à placer seulement la tête de J.-C.

(1) Musée de Cluny, *Salle du Sommerard*, n° 1031.
(2) Grimouard, *Guide de l'art. chrét.*, t. II, p. 311.
(3) Raoul Rochette, *Loc. cit.*, p. 89.
(4) *Rev. archéolog.* 1894, p. 311.
(5) *Rev. de l'art chrét.*, 1862, p. 393, *Guide de l'art. chrét.*
par Grimouard de Saint-Laurent, t. II, p. 338

sur la croix, comme en témoignent un sou byzan-
tin du vine siècle (fig. 54) et une croix émaillée
du Vatican de la même époque
(fig. 55) (1).

51. — Sou by-
zantin.
(viiie siècle)

On finit cependant par obéir à la
décision du Concile, confirmée par le
pape Adrien I, en plaçant sur la
croix le corps entier de J.-C., mais
vêtu d'une tunique flottante et ses
bras étendus dans l'attitude de la
prédication (2). L'agneau est placé
à ses pieds, comme pour habituer
les esprits à cette transformation
(ixe siècle) (3).

55.—Croix émail-
lée du Vatican:
(viiie siècle).

Puis, une nouvelle modification
continua la rectification du symbolisme en adaptant cette figuration à
la légende de la résurrection.

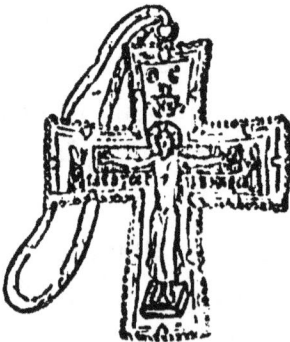

56. — Croix du xe siècle.

Jésus-Christ est repré-
senté, au xe siècle, sortant
du tombeau, les mains et les
pieds portant la marque des
clous, la tête entourée du
disque solaire. Ce n'est pas
encore le crucifix car il n'est
pas cloué sur la croix, sa
tête est droite, ses yeux

sont ouverts, ses bras ne sont point pliés sous

(1) Grimouard, Loc. cit., t. II, p. 310.
(2) C'est ainsi qu'il est figuré sur une plaque en ivoire, du
ixe siècle, au Musée de Cluny.
(3) Martigny, Dict. des antiq. chrét. Vo Agneau.

son corps, mais librement étendus ; il est vêtu
d'une tunique, ses pieds sont écartés et reposent
sur un escabeau (fig. 56 et 57).

On termina la série de ces
transformations en substituant à
l'image de la résurrection celle du
crucifiement. Jésus-Christ, dans
cette nouvelle phase symbolique,
est représenté d'abord, cloué sur
la croix, mais les jambes restent
droites, les bras librement étendus, les yeux ouverts, la tête a

57. — Croix du
X⁰ siècle

peine penchée. Tel le montre une miniature d'un
missel du xi⁰ siècle, appartenant à la Bibliothèque
nationale (fig.
58).

Enfin, quand
les esprits
furent tout à
fait habitués à
cette dernière
image, on la
précisa davan-
tage, en fai-
sant retomber
la tête sur les
épaules, et
plier les bras
et les jambes

58. — Crucifix du xi⁰ siècle.

sous le poids du corps, dans l'attitude qui lui est
donnée, au xii⁰ siècle, sur un retable de l'église
de Marcuil (fig. 59).

On s'arrêta définitivement à cette image du crucifiement inspirée par l'évangile de Saint-Jean, qui diffère, sur ce point, des autres évangélistes. Le récit de Saint-Jean paraît avoir été suggéré, par le supplice de Prométhée et par celui de Baal, qui avait été crucifié de la même manière, comme le montre une pierre votive découverte en Numidie, en 1833, sur laquelle le Dieu est repré-

59. — Crucifix du XII° siècle

senté debout, les bras étendus en forme de croix. Peut-être aussi faut-il y voir une réminiscence du symbolisme hébraïque de l'immolation de l'agneau. Pour ce sacrifice, on étendait l'agneau sur une sorte de croix, dont l'une des branches étendait les pattes de devant et l'autre le long du corps. Cette opération s'appelait en chaldéen, crucifier, mot dont le sens originaire signifiait rôtir ou brûler de la chair (1). Jésus-Christ étant la victime immolée pour racheter les péchés du monde, ce vieux symbole a vraisemblablement contribué, comme les mythes précédents, à fournir les détails de la légende du crucifiement.

Quoi qu'il en soit, à partir du XIII° siècle, l'image dramatique et réaliste qui représente Jésus-Christ supplicié sur la croix, la tête sortant du disque solaire, fut généralement adoptée. Quelquefois cependant le disque solaire a été remplacé par

---

(1) G. Picard, *Sémites et Aryens*. Paris, 1893. Alcan, édit., p. 68.

des gerbes d'étincelles jaillissant derrière la tête, à l'intersection des deux bois, là où jaillissait du Swastika l'étincelle sacrée, dans le mythe d'Agni, dont la croix devient ainsi la saisissante reproduction (fig. 60).

L'inscription I.N.R.I. (*igne natura renovatur integra*), placée sur la croix, acheva d'en préciser la signification(1).

Toutes les formes primitives de la croix, antérieures au crucifix, ont néanmoins continué à figurer sur les décorations, les ornements,

60. — Crucifix moderne

---

(1) Avant l'invention du crucifix, les images de J.-C. le représentaient montrant du doigt ces paroles de l'Évangile : « Je suis la lumière terrestre » (St Jean, III, 12). C'est ainsi qu'on le voit dans les peintures des églises siciliennes du vi⁰ siècle, (*Rev.*

l'imagerie et les divers objets du culte, sous les
noms de croix gammée (Swastika) ; croix ansée ;
croix de saint André, en X; croix grecque, à quatre
branches égales ; croix de Lorraine, à deux croi-
sillons ; agnus dei ; croix de Malte et de Jérusalem, à quatre branches égales s'élargissant à leurs
extrémités, etc.

Telles sont les modifications et transformations
successives de la symbolisation de l'antique mythe
du feu, depuis les temps préhistoriques jusqu'à
nos jours. L'origine et l'histoire de ce mythe n'ont
été mis en lumière que tout récemment, grâce aux
découvertes et aux recherches de savants comme
MM. de Mortillet, Burnouf et Hochart (1). C'est
à eux que revient l'honneur d'avoir trouvé le
véritable caractère de la croix, et d'avoir précisé
et éclairé un point historique désormais incon-
testable (2).

---

archéol.. 1894, p. 239) et dans une peinture de la chapelle pala-
tine, du xiiᵉ siècle (Ibid. p. 236).

    L'inscription I. N. R. I. apparaît pour la première fois sur
une mosaïque du viiiᵉ siècle de la bibliothèque du Vatican. Elle
fut ensuite placée sur la croix, où elle remplaça l'ancienne formule : « Je suis la lumière terrestre », (Grimouard, Loc. cit., II,
351). Puis, par une interprétation fantaisiste, on substitua au sens
primitif des initiales I. N. R. I., une signification nouvelle adaptée à la figuration du corps de J.-C. (Jesus nazarenus rex Judæ-
orum). C'est le pendant de la traduction d'Agni par agneau.

    (1) Une notable partie des figures reproduites dans ce chapi-
tre ont été empruntées au savant ouvrage de M. Hochart :
Etude d'histoire religieuse. Paris, 1890, E. Thorin, éditeur,

    (2) Les documents produits à l'appui de l'antiquité de ce signe
mystique sont si nombreux, authentiques et probants, que nul,
pas plus dans le clergé catholique, que dans le clergé protes-
tant, n'a tenté d'en contester la portée.

    Toutefois, M. l'abbé Ansault, curé de Saint Eloi, à Paris, dans
une brochure intitulée : Le culte de la croix avant Jésus-Christ
(Paris 1889), a essayé de les accommoder à la doctrine catholique. Voici sa thèse. Après avoir reconnu que le symbole de

CHAPITRE IV

L'ÉVANGILE

1. — *Le Messie*. — Le mythe védique, qui forme comme la trame des religions du monde aryen, anime presque tous les symboles, les rites et les formules qui sont l'élément sensible de ces religions.

La théorie du Messie, fils de Dieu, venant

---

la croix est de bien des siècles antérieur au christianisme. M. Ansault rejette en bloc toutes les explications que les découvertes successives ont fait naître sur l'origine et le culte du feu.

Il est vrai, dit-il, que « sur ce point, la Bible est muette; il n'y a pas un mot dans la genèse qui donne le moindre indice de cette révélation faite par Dieu à nos premiers ancêtres, du salut par la croix. » Mais Dieu ne fait rien « brusquement ». « *Il ménage les transitions*. Quelques heures d'aurore et de crépuscule suffisent pour faire naître le jour et la nuit, des semaines ou même des mois sont nécessaires pour la transformation des saisons. Mais quand il s'agit de *préparer* l'humanité à l'adoration de Jésus le crucifié pour cette *œuvre capitale et difficile* entre toutes, *il faut plus de quarante siècles. Dieu s'y est pris* dès le commencement du monde. »

« Comment voulez-vous que l'humanité antique, les Romains du temps de Claude et de Tibère, aient consenti à venir se mettre à genoux devant le crucifix, si on ne les y avait *préparés*... Supposez un instant que l'humanité ait reçu *à l'improviste* la révélation de cet ineffable mystère de la rédemption ; dans son égoïsme elle n'y aurait pas cru, et le mystère de Jésus crucifié serait demeuré ce qu'il fut dans l'ahurissement de la première heure, un scandale pour les Juifs, et pour les Grecs une folie.

« *Aussi Dieu, dès le commencement, s'était-il appliqué à préparer* les hommes à la foi, par un exemple de pratiques reli-

sauver le monde, a son origine dans les hymnes védiques, d'où elle s'est transmise dans les apocryphes d'Alexandrie et de la Palestine et chez les sectes juives issues de l'influence aryenne lors de la captivité. Le bouddhisme, qui avait déjà pénétré, par ses missionnaires dans le monde gréco-romain (1), a contribué à fournir aux fondateurs du christianisme les éléments de leur doctrine.

L'existence du personnage auquel on a donné le nom de Jésus-Christ est restée problématique. Aucun document contemporain n'en fait mention. Il n'en est parlé, pour la première fois et incidemment, que par l'historien Josèphe, dans un

---

gieuses, parmi lesquelles le culte de la croix et l'immolation des victimes étaient comme la prophétie grandiose du divin sacrifice du calvaire. »

Cette thèse, qui consiste à représenter Dieu comme le père de l'opportunisme, a le défaut d'être en opposition radicale avec la doctrine professée sur le même sujet par un des pères de l'Église. M. l'abbé Ansault, qui plaisante volontiers sur les contradictions des savants, ferait peut-être bien de commencer par se mettre lui-même d'accord avec Tertullien.

A des chrétiens qui lui montraient des païens vénérant, comme eux, le signe de la croix, Tertullien répondait que c'était une machination du démon qui leur avait suggéré ce culte, par avance, pour troubler les chrétiens et entraver les progrès de la foi (*Contrà hœreses*. 40).

Ainsi, d'après Tertullien, le signe de la croix, antérieur au christianisme, était une invention du diable, dirigée perfidement et prématurément contre la foi chrétienne. M. l'abbé Ansault prétend, au contraire, que c'était un stratagème politique de Dieu, pour préparer les esprits à vénérer ce signe et favoriser ainsi les progrès de la foi future.

Il faudrait pourtant s'entendre. Qui des deux a raison? Il n'est pas téméraire de répondre : ni l'un ni l'autre.

(1) Un grand échange d'idées se faisait entre l'Inde et l'occident par Alexandrie et peut être aussi par le golfe Persique et par les caravanes de l'Asie centrale. Bouddha en mourant recommandait à ses disciples d'aller prêcher sa doctrine dans « les dix parties du monde ». Cinq siècles avant notre ère, des missionnaires bouddhistes, envoyés au nord-est de l'Inde, avaient éta-

passage qu'on a lieu de croire interpolé, par une
de ces fraudes pieuses dont l'histoire religieuse
offre plus d'un exemple (1). Les évangiles
eux-mêmes ne sont d'accord ni sur la date

---

bli des monastères en Perse et en Bactriane, d'où le bouddhisme rayonna vers l'ouest. Deux siècles plus tard, le grand roi
bouddhiste citait dans ses écrits les rois grecs Antiochus, Ptolémée, Antigone, dans les pays desquels se trouvaient des fidèles se conformant à sa religion (*Rev. de l'hist. des relig.*, 1890,
p. 340). A cette époque, des missionnaires bouddhistes, suivant
les routes des caravanes, avaient pénétré en Syrie, en Macédoine,
en Egypte, et même dans la Cyrénaïque. Sous l'empereur Au-
guste, on vit, à Rome, un de ces missionnaires, Zarmano Che-
gas, qui alla ensuite mourir tragiquement à Athènes (*Ibid*).
  Après la découverte du mousson du sud-ouest, par Hippale,
dans les premières années de notre ère, la route par mer fut pré-
férée et les rapports avec l'Inde plus fréquents. Il était trop tard,
les plagiaires du bouddhisme avaient pris les devants et com-
mençaient à s'implanter (*Rev. de l'hist. des relig.*, 1891, p. 49).
Si le bouddhisme n'a pas conquis le monde entier, c'est par une
raison politique et géographique : la frontière de la terre lui
était fermée à l'occident par l'empire des Parthes, hostile à
l'Inde et à ses croyances, et d'ailleurs souvent troublé par des
guerres intestines.
  La théologie orientale était connue des pères de l'Eglise. Vers
la fin du II° siècle, saint Théophile signale des hérésies calquées
sur certains systèmes brahmaniques. Au III° siècle, Tertullien
parle des bouddhistes et des ascètes indiens. Saint Clément
d'Alexandrie nous apprend que les nonnes et les moines bouddhistes vénéraient les reliques de leur maître. Avant lui, le mystique alexandrin Porphyre avait décrit leur costume, leur tonsure et leurs règles monastiques.
  (1) *Antiq. judaïque*, L. XVIII., chap. 4. — Au deuxième siècle, sous Tibère, Tacite rapporte qu'un nommé Christ fut condamné par le procurateur Ponce-Pilate et que ses sectateurs
prirent le nom de chrétiens. Mais des critiques sérieux considèrent ce texte comme interpolé.
  Philon d'Alexandrie, qui écrivait vers l'an 40 de notre ère, fut
un des créateurs de la métaphysique chrétienne. Or, pas une
ligne de ses écrits n'a trait à la prétendue mission de Jésus-
Christ. Il en est question, il est vrai, dans un passage d'une lettre
de Pline à Trajan, mais cette mention paraît être une interpola-
tion de l'époque de la Renaissance.
  Les quatre épitres de saint Paul sont du deuxième siècle.
Quant aux cinquante-quatre évangiles apocryphes, parmi lesquels
l'Eglise a recueilli les écrits concordants de Marc, Mathieu et
Luc, reposant sur un fonds commun de traditions, on n'en
trouve pas trace avant le deuxième siècle. L'évangile de saint
Jean est un remaniement gnostique postérieur.

4.

de sa naissance, ni sur la durée de sa vie (1).

Il est probable qu'un des nombreux prophètes qui, depuis plusieurs siècles s'étaient tour à tour donnés pour le Messie prédit par les écritures juives et qu'on appelait jésus (sauveur), ayant été initié dans quelque monastère bouddhique aux doctrines védiques, s'était mis à les prêcher (2).

Plus tard, les apôtres voulant enseigner ces mêmes doctrines, qu'ils avaient puisées dans les sanctuaires de l'Inde ou reçues des missionnaires, imaginèrent de les mettre rétrospectivement dans la bouche de ce prophète juif, de ce Jésus mort inconnu (3). Ils lui firent une légende, dans laquelle ils le présentaient comme une nouvelle personnification d'Agni, en lui donnant une biographie calquée sur celle de Bouddha (4), à laquelle

---

(1) D'après la légende, Jésus-Christ serait mort à trente ans. Cependant Irénée dit qu'il « a passé par tous les âges afin de servir d'exemple à tous comme enfant, homme fait et vieillard ; la durée de sa vie a été au moins de cinquante ans. » (L. II. ch. XXII. § 3, 4 et 5). Ce fait est attesté par l'apôtre saint Paul en ces termes : *Principatum tenuit in omnibus* » (Colos. I. 18), ainsi que dans l'évangile de saint Jean, par ce reproche des Juifs à Jésus : « Tu n'as pas encore cinquante ans et tu prétends avoir connu Abraham ! » (VIII. 56, 57), mot qui serait incompréhensible si Jésus-Christ n'était pas supposé avoir eu alors près de cinquante ans.

(2) D'après M. Barthélemy Saint-Hilaire, Jésus-Christ serait un moine bouddhiste du couvent de la quarantaine établi sur le mont Carmel. — V. *Jésus-Bouddha.*

(3) C'est ainsi que des paraboles de l'évangile, comme celles du semeur, du grain de sénévé planté en terre, et plusieurs autres ont été littéralement copiées dans le *Lalita-Vistara.*

(4) La légende bouddhique avait été elle-même empruntée au mythe védique. Dans le bouddhisme, la vierge mère Maya donne un sauveur au monde en concevant Bouddha. La conception de de Maya est immaculée et son mari y est étranger; c'est Dieu lui-même qui s'incarne en elle. (*Essai sur la légende du Bouddha*, par Sénart. Paris. 1875 p. 314).

A la naissance de Bouddha une brillante étoile apparut dans le ciel. Des rois vinrent l'adorer. Lorsqu'enfant il fut présenté au

ils ajoutèrent certains détails empruntés à des sources diverses, comme le massacre des Innocents, qui est une légende solaire, transformée en fait historique, et la fuite en Egypte, qui rappelle la fuite de la vierge Isis, montée sur un âne et portant le jeune dieu Horus (1) (fig. 61).

61.— Fuite de la vierge Isis en Egypte (Fresque de Pompéi).

Ce qui est certain, c'est que sa vie, telle qu'elle est racontée dans les évangiles, est purement légendaire. Tous les éléments en sont empruntés au mythe védique : sa double filiation, la Vierge mère Maya, le charpentier Joseph, le saint Esprit, sa conception miraculeuse, sa naissance annoncée par une étoile, sa

temple, les prophètes présagèrent de lui des choses merveilleuses. Il étonna les docteurs par sa sagesse.

Avant sa prédication, Jésus-Christ jeûne quarante jours dans le désert et y est tenté par Satan qui lui offre l'empire du monde. De même Bouddha Cakyamouni, avant sa prédication, s'était retiré dans la solitude, près d'Ourouvela, où il avait jeûné pendant quatre semaines. Il y avait été en butte aux assauts de Mârâ, le tentateur, qui lui avait offert l'empire du monde.

Bouddha opère ensuite des guérisons, rend la vue aux aveugles, passe l'eau à pied sec, fournit miraculeusement à ses disciples une nourriture inattendue. Après sa mort, il apparaît à ses disciples sous une forme lumineuse. Une auréole entoure sa tête.

Le Bouddha avait eu comme Jésus-Christ, son mauvais disciple, traître à son maître, avec cette différence qu'il s'appelait Dévadatta au lieu de Judas Ischarioth.

Il serait aussi absurde de prétendre que le bouddhisme, antérieur de six siècles au christianisme, a copié celui-ci, qu'il le serait de soutenir que le catholicisme a copié l'islamisme qui lui est postérieur d'autant de siècles.

(1) Rev. Archéol. 1895 p. 188.

science précoce, sa transfiguration, ses miracles, son ascension au ciel où il va rejoindre le feu céleste qui l'avait engendré pour être le sauveur des hommes, en un mot, toute la légende chrétienne.

Pour rattacher cette légende aux traditions juives et aux prophéties, qui faisaient descendre le futur Messie de la race de David, on lui fabriqua une généalogie. David, étant né à Bethléem, il doit aussi y naître. A cet effet, on suppose un recensement qui aurait amené sa mère au lieu désigné, où elle accouche. L'histoire ne porte aucune trace de ce recensement, qu'on retrouve dans la légende de Chrisna, venu au monde dans une circonstance analogue. Sur l'établissement de cette généalogie, les évangélistes ne s'accordent même pas. Marc et Jean esquivent prudemment la question. D'après Mathieu, Jésus-Christ descendait de David par Salomon et les rois de Juda ses successeurs. Le père de Joseph se nommait Jacob. D'après Luc, il descendait de David par Natham, autre fils de David, et le père de Joseph se nommait Hélie.

Mathieu voulait rattacher Joseph, père de Jésus-Christ, à la grande lignée royale, contenant des noms illustres, comme Asa, Josaphath, Ezéchias, Josias. Mais il n'avait pas pris garde que, dans cette lignée, Salomon, Roboam son fils, Achaz, Manassé, Jéchonias et autres rois descendants de David, avaient donné lieu à des exemples scandaleux. L'union adultère de David et de Bethséla, mère de Salomon, aurait été l'acte préparatoire du salut du monde! (*Revue de l'hist. des relig.* 1890, p. 365). C'est pourquoi Luc imagina une autre généalogie, partant de Natham, fils aussi de David, dont la descendance beaucoup plus obscure n'avait pas d'histoire, par suite, pas de scandales.

Dans leurs efforts pour faire concorder leur légende avec les traditions hébraïques, les évangélistes aboutissent à une autre contradiction. Jésus-Christ ne peut descendre de David « selon la chair » (Saint-Paul. *Epitre aux Romains*, I, 3) que s'il a été engendré charnellement par Joseph, ce qui serait en opposition avec l'opération du Saint-Esprit et l'immaculée Conception. Ce n'est pas Joseph étranger à la conception de Jésus, mais Marie, sa mère « selon la chair », qu'il eut fallu rattacher à la race de David. Or, sur les ascendants de Marie, tous les apôtres sont muets. Ils n'y pouvaient songer. Sa lignée était sans intérêt, la descendance mâle étant seule importante à fixer. D'après les idées du temps, Jésus-Christ était le fils de son père et non de sa mère : « Femme, lui dit-il, qu'y a-t-il de commun entre vous et moi ? ». C'était comme fils de son père et non de sa mère qu'on héritait, en Israël, des droits à la propriété. Le lévirat lui-même reposait sur ce principe (1).

Une préoccupation analogue à celle qui avait inspiré la généalogie de Jésus-Christ lui a fait donner un double nom. En l'appelant Jésus (sau-

---

(1) Pour réparer cette étrange omission des évangiles à l'égard des parents de la Vierge Marie, on décida vers le vi⁰ siècle, que sa mère s'appellerait Anne, et son père, Joachim.

veur), nom donné jusque-là à tous les prophètes
Juifs qui s'étaient fait passer pour le Messie,
on reliait la légende aux traditions hébraïques ; en y ajoutant le nom de Christ (oint), on
conservait au mythe védique son véritable caractère, puisque Christ (oint) était l'antique qualifi-
catif d'Agni, le sauveur du monde, dont Jésus était
la nouvelle personnification.

La théorie du Christ est, comme sa biographie,
entièrement tirée des Védas. C'est Dieu (le soleil)
qui offre son fils unique (le feu) pour le salut des
hommes (1).

On considérait dans l'antiquité, le sacrifice
de sa propre vie comme moins méritoire que
celui d'un objet aimé, tel qu'un enfant chéri,
un fils unique. La mort d'Iphigénie en est un
exemple. Chez les Phéniciens, les chefs d'état, en
temps de grande calamité, immolaient aux dieux,
pour le salut public, leurs enfant, les plus chers.
A Carthage, le chef d'une insurrection, pour se
rendre la divinité favorable, fit crucifier son fils
(Justin. 18, 7). Les livres juifs racontent que Dieu
ordonna à Abraham d'immoler Isaac son fils unique, et que Jephté avait dû livrer ses filles au
couteau des prêtres.

L'idée qu'un intermédiaire pouvait, en versant
son sang ou en se mutilant, fléchir la divinité et

_____

(1) Dans le troisième livre sybillin des juifs alexandrins, il
était fait allusion à un « roi venu du soleil ». L'évangile de
saint Luc nous montre J.-C. venant du soleil, sur une nuée :
« Il y aura des signes dans le soleil... On verra alors le fils de
l'homme sur une nuée avec une grande puissance et un grand
éclat » (XXI, 25).

obtenir le salut des autres était générale dans le paganisme. Prométhée avait donné sa vie pour sauver le monde. « Qui ignore, disait Lucien, que c'est pour avoir trop aimé les hommes que Prométhée a été mis en croix sur le Caucase ». Bacchus aussi avait été le dieu rédempteur et libérateur. Orphée lui dit : « Tu délivras les hommes de leurs durs labeurs et de leur immense misère ». Hamilcar, pendant une bataille, se précipite dans les flammes d'un bûcher, pour obtenir la victoire. Les frères Philène se font enterrer vivants pour le salut de la patrie (Valère Maxime. V, 6).

Dans une élégie de Tibulle on voit la prêtresse de Bellonne asiatique se hachant le bras pour asperger de son sang la statue de la déesse. Apulée rapporte que les prêtres de la mère des dieux répandaient leur sang sur les fidèles pressés autour d'eux. Juvénal nous montre une matrone, sur l'ordre d'une prêtresse, se mettant les genoux en sang dans une longue marche pénitente. Lucien fait dire à Caton : « Puisse mon sang racheter les peuples ! Puisse ma mort payer tout ce que la corruption humaine a mérité d'expiation ! » Toute l'antiquité païenne est pleine de dévôts qui se mutilent pour fléchir les dieux et en obtenir des faveurs. Les adeptes de Cybèle se meurtrissaient dans l'espoir de gagner le ciel ; ceux du culte de Bellonne, pour obtenir la guérison de certaines maladies.

Ces expiations sanglantes, subies par la personne de l'intéressé ou par l'intermédiaire d'un prêtre, étaient fréquentes dans la société romaine. Per-

sonne ne doutait qu'on put rendre la divinité favorable par le sacrifice de sa vie que faisait un homme
héroïque en expiation des fautes de ses semblables. En dramatisant la mort de Jésus-Christ par
le récit poignant de la passion, imité de la légende
de Prométhée, les apôtres frappaient les imagi-
nations et donnaient satisfaction aux croyances
de leur temps (1).

II. – *La Morale*. — Ils ne se bornèrent pas à
cette concession. Pour favoriser la propagande de
leurs doctrines et les adapter au milieu ambiant,
ils acceptèrent une autre idée, alors fort répandue
dans le monde païen, qui devait exercer une
influence fâcheuse sur la morale évangélique et
en modifier le caractère originaire.

L'enseignement moral qui, sous forme de récits
et d'apologues, constitue l'objet principal des trois
premiers évangiles, comprend deux parties dis-
tinctes, l'une saine et vivifiante, l'autre délétère.

La première est le reflet des doctrines de la
philosophie grecque, des Egyptiens et du bouddhisme.

On sait à quel degré d'élévation avait atteint
l'enseignement philosophique de Cicéron, d'Epic-
tète, de Socrate, d'Apollonius de Tyane, de
Plotin et des Stoïciens. Ces derniers for

---

(1) C'est ce réveil de la croyance en l'efficacité du sang humain
pour la rémission des péchés qui paraît avoir entraîné les premiers chrétiens dans un délire d'immolation. D'après Origène,
la mort d'un martyr est capable d'assurer le salut de l'humanité,
comme celle du Christ. Aussi un grand nombre recherchèrent-ils
l'occasion de mourir ; beaucoup voulurent donner leur vie, join-
dre leur propre sacrifice à celui de l'Homme-Dieu. (Picard. *Sémites et Aryens*, p. 94.)

maient même des directeurs de conscience, véritables chapelains, que leurs écoles fournissaient aux familles aisées et qui habituaient leurs disciples à la pratique des vertus philosophiques. Ils donnaient eux-mêmes, au besoin, l'exemple d'un héroïsme résigné devant l'injustice et la mort.

La morale des Egyptiens n'était pas moins pure.

Dans le chapitre CXXV du fameux *Livre des Morts*, on lisait : « Je n'ai fait perfidement de mal à aucun homme. — Je n'ai pas rendu malheureux mes proches. — Je n'ai pas fait le mal. — Je n'ai jamais, comme chef d'hommes, fait travailler au-delà de la tâche. — Il n'y a eu, par mon fait, ni craintif, ni pauvre, ni souffrant, ni malheureux. — Je n'ai point fait maltraiter l'esclave par son maître. — Je n'ai point fait avoir faim. — Je n'ai point fait pleurer. — Je n'ai point tué. — Je n'ai point ordonné de tuer traîtreusement. — Je n'ai fait de mensonge à aucun homme. — Je n'ai point exercé de pression sur le poids de la balance. — Je n'ai point éloigné le lait de la bouche du nourrisson. — Je n'ai point fait main basse sur les bestiaux dans leur pâturage. — Je n'ai point repoussé l'eau à l'époque de la crue. — Je n'ai pas détourné le cours d'un canal. — Je suis pur... »

Et, devant le Tribunal d'Osiris, on disait du mort : « Ce qu'il a fait, les hommes le proclament, les dieux s'en réjouissent. Il s'est concilié Dieu par son amour. Il a donné du pain à celui qui avait faim, de l'eau à celui qui avait soif, des vêtements à celui qui était nu. Il a donné une barque à celui qui en manquait. » (1).

Quelle morale plus élevée que celle d'une épître du scribe Ani à son fils Khons-Hoptou : « Ne perd jamais de vue l'enfantement douloureux que tu as coûté à ta mère, ni les soins salutaires qu'elle a pris de toi. Ne fais pas qu'elle ait à se plaindre de toi, de crainte qu'elle n'élève les mains vers la divinité et que celle-ci n'écoute sa plainte...

« Ne mange pas le pain en présence d'un assistant resté debout sans que ta main s'étende pour lui offrir du pain.

« Parle avec douceur à celui qui a parlé brutalement. C'est le remède qui calmera son cœur.

« Ne fais pas connaître ta pensée à l'homme de mauvaise langue pour lui donner l'occasion d'abuser de sa bouche. Elle circule vite la révélation sortie de la bouche. En la répétant tu crées des animosités. La chute de l'homme est sur sa langue ; prends-garde de te procurer la ruine... » (2).

Sur une tombe découverte récemment à Assouan, par M. Schiparelli, et remontant à la VIe dynastie, on lit cette inscription tracée par son possesseur, Hirkouf : « J'ai fait à mon père une demeure... J'ai été obéissant à mon père, j'ai fait ce qui plaisait à ma mère, j'ai été bienveillant envers tous mes frères, j'ai donné des pains à l'affamé, des vêtements à celui qui était nu, des

---

(1) Lebon, *Les premières civilisations*, p. 278.
(2) *Ibid.*, p. 330.

vases de bière à celui qui avait soif... » (1).

Ces préceptes de morale datent de cinq mille ans avant le christianisme.

La doctrine bouddhique apporta au monde la légende attendrissante de son fondateur, ses récits d'édification simples et touchants, ses maximes d'amour et de charité universelle. Les évangiles de Bouddha contiennent un grand nombre de maximes prescrivant la douceur, la bienveillance, la tolérance. C'est Bouddha, et avant lui Brahma, qui a dit : « Ne faites pas à autrui ce qui serait déplaisant pour vous-mêmes ; c'est là, en abrégé, la loi. Tout le reste procède de la passion » (2). Bouddha recommande la charité envers tous les hommes, même envers les ennemis.

La morale chrétienne lui est inférieure en ce qu'elle n'étend la charité qu'aux membres de la secte, et la supprime à l'égard des autres hommes, hérétiques ou non croyants. A ceux-ci on ne doit que la haine. Toute la pratique de l'Église le prouve. Le spectacle des tortures réservées aux réprouvés est même une des jouissances accordées aux élus (Prov. I, 26). Elle prêche la prière et la confiance en Dieu : Bouddha, au contraire, insiste sur la nécessité de l'action personnelle. L'idéal que le christianisme nomme le royaume de Dieu, Bouddha l'appelle le « Nirvana », c'est-à-dire l'état de béatitude auquel arrive l'homme quand il éteint dans son cœur les passions et les idées mauvaises (3).

---

(1) *Rev. de l'hist. des relig.* 1893, p. 97.
(2) *Mahabharata.* Édit. de Calcutta, t. II, p. 116.
(3) *Revue de l'hist. des relig.* 1890, p. 350.

La partie la plus critiquable de la morale chrétienne est celle qui a été édifiée sur la croyance
à la fin du monde prochaine. Cicéron et Lucrèce
s'étaient fait les échos de cette croyance. Senèque
croyait à un prochain déluge universel et en avait
tracé par avance un émouvant tableau : « *Quum
fatalis dies venerit...*» (*Quest. natur.*, III, 27).
Les apôtres développent avec complaisance ce
thème alors à la mode. Cette concession aux
idées répandues, devant aider au succès de leur
prédication, ils en tirent impitoyablement toutes
les conséquences en y adaptant la théorie du
jugement dernier, empruntée à la religion des
Perses. La fin du monde approche, la génération
actuelle la verra : « En vérité, je vous le dis,
cette génération ne passera pas avant que ces
choses s'accomplissent » (1). Jésus lui-même va
revenir siéger sur son trône, entouré des douze
chefs des tribus d'Israël, pour juger le monde.

(1) Pour mieux impressionner les esprits, les apôtres avaient
imprudemment précisé l'époque, et presque la date. Il fallut ensuite, pour tourner la difficulté, reculer cette prédiction à l'an
mil. On imagina, à cet effet, une lettre attribuée à saint Pierre,
écrite de Babylone, disant que par ces mots « cette génération »
il fallait entendre une période de mille ans : d'où la folie du
millénarisme. Pendant des siècles les peuples vécurent sous
l'empire de la terreur que leur causait la perspective troublante
du jugement dernier et sa dramatique mise en scène : les
anges, les trompettes, Dieu apparaissant sur son trône. A l'approche de l'événement, la caste sacerdotale profita de cet état
d'esprit pour se faire abandonner, par ses crédules adeptes,
tous les biens terrestres dont ils ne pouvaient plus jouir, puisque la fin du monde allait arriver. Grâce à cette gigantesque
opération, le clergé devint propriétaire d'un tiers du territoire
total de la Gaule ! (E. de Laveleye. *Formes primitives de la
propriété*, t. II, p. 474.)
Puis, le terrible an mil arriva, et s'écoula benoîtement, comme
ses prédécesseurs, sans souci de la prédiction évangélique. Il va
sans dire que le clergé garda les biens.

Toutes les vertus se réduisent donc à l'abnégation et à la mortification (1).

Au lieu de concevoir la vertu comme désintéressée, avec les stoïciens, ils la considèrent comme un placement et intéressent l'égoïsme humain par l'appât de récompenses et la crainte de châtiments chimériques. De cette conception surgiront la vie monacale, la chasteté, la prière et, par suite, le mépris du travail, œuvre servile, de l'hygiène, de l'amour, de l'initiative individuelle, de l'activité humaine et de la raison. Tout se résumera dans un anathème contre la vie humaine : *vanitas vanitatum.*

Le corps n'est plus qu'une guenille. L'ascétisme, les pénitences, les jeûnes, la flagellation, la macération, anémient les cerveaux et provoquent les hallucinations.

D'où le détraquement général, la folie et l'hystérie qui ont sévi si longtemps sur les populations du moyen âge, le célibat des prêtres qui supprimait alors par une sélection à rebours la reproduction des plus intelligents, et enfin le délire persécuteur, qui, par le bras de l'Inquisition, a immolé tant d'hécatombes humaines, dans des sacrifices expiatoires renouvelés des temps barbares (2).

(1) Yves Guyot. *La Morale*. Paris, 1883, Doin, édit.
(2) « Il n'y a pas fort longtemps que nos ancêtres croyaient être agréables à Dieu en enduisant de soufre les prétendus hérétiques et en les faisant brûler à petit feu. « Sans parler de l'Espagne, dit Michelet, terre classique des bûchers, on en brûle 700 à Trèves, à Genève 500 en trois mois, 800 à Wurtzbourg, presque d'une fournée 1500 à Bamberg... En une seule fois le Parlement de Toulouse met aux bûchers 400 corps humains.

Ajoutez à cela l'influence de la métaphysique qui apparaît dans l'évangile de saint Jean et atteint, dans l'Apocalypse, un dégré d'obscurité et d'incohérence qui n'a jamais été dépassé. Ce sera la source empoisonnée où s'alimenteront les mystiques, les gnostiques, les scolastiques et tous les abstracteurs de quintessence. Ils y puiseront les éléments d'interminables disputes sur la grâce, le péché originel, la rédemption, la prédestination, la transubstantiation, le culte de latrie et de dulie, l'hypostase et autres rêveries transcendantales. Quand deux hommes discutent sans jamais pouvoir s'entendre, soyez sûr, disait Voltaire, qu'ils font de la métaphysique. Ce travail oiseux de l'esprit s'agitant dans le vide de l'incompréhensible, de l'incognoscible, du mystère et de l'abstraction, qui rappelle l'ombre du valet de Scarron, frottant l'ombre d'un carosse avec l'ombre d'une brosse, laissera pendant des siècles, les cerveaux humains comme hypnotisés dans la recherche perpétuellement décevante des énigmes posées par les docteurs de la prime Église. Il faudra, pour sortir de cet engourdissement morbide, la vigoureuse

---

Qu'on juge de l'horreur, de la noire fumée de tant de chair, de graisse qui, sous les cris perçants, les hurlements, fond horrible, bouillonne ».

« Les dévots diront que c'était pour le bien de leur âme, et que ces sacrifices étaient faits au vrai Dieu. Mais il n'y a pas un sauvage qui n'aurait le droit d'invoquer à l'appui de ses superstitions des raisons exactement semblables. Je ne vois aucune distinction sérieuse à faire entre la férocité des uns et celle des autres. L'homme que le sentiment religieux fanatise devient vraiment un bien vilain animal, et si, comme le disent les religions, Dieu nous a créés à son image, cela donne une fort laide idée de ce créateur ». (D' Lebon, *L'homme et les sociétés*, Paris, 1881, Rothschild, édit. p. 328)

poussée de la Renaissance et de la Réforme, qui
réveilleront l'activité humaine en affranchissant
la raison, par le libre examen, et la science, par
la méthode d'observation.

Impuissante à résister à ce réveil du vieil
esprit gaulois, amoureux de clarté, de lumière et
de vie, menacée dans son influence par ce triomphe de nos mœurs, de notre climat et de notre
tempérament, contre l'envahissement trop long
de l'ascétisme oriental, l'Église changera alors
de tactique. Pour détourner le courant à son profit, elle jettera par dessus bord toute la vieille
métaphysique d'antan. Sous l'habile et intelligente
direction des jésuites elle lui substituera peu à peu
la morale aisée du probabilisme, la théorie de
l'efficacité des œuvres, la faculté de remplacer les
dispositions morales par des pratiques tout extérieures, la dévotion facile, appuyée sur le rosaire,
le scapulaire, les médailles miraculeuses, la
mariolâtrie, et toutes les pratiques du fétichisme
moderne qui constituent la religion fin de siècle.

CHAPITRE V

LE CULTE

I. — *Noël*. — L'origine et l'évolution des rites et de la lithurgie ne sont pas moins intéressantes que celles des doctrines. Le culte n'étant que l'expression figurée des mythes astronomiques ou scientifiques sur lesquels reposent les religions, on va retrouver dans le christianisme les cérémonies qui constituaient jadis la manifestation extérieure et symbolique du mythe védique.

Nous avons vu que chaque année se célébrait la naissance d'Agni, que les prêtres astronomes faisaient correspondre avec le solstice d'hiver, époque à laquelle le soleil paraît recommencer une vie nouvelle. Cette date était indiquée par une étoile, dont l'apparition au firmament coïncidait avec le solstice. Le feu, dans le mythe védique, étant consubstantiel au soleil, on célébrait par la même cérémonie la naissance du soleil et celle du feu. Cette fusion de l'élément igné avec le mythe solaire se retrouve dans les religions de l'antiquité.

Chez les Romains, les confréries de Bacchus, de Mithra, de Vénus et d'Isis célébraient chaque année, au 25 décembre, cette nativité divine.

62. — Le Dieu nouveau-né

Dans tout l'empire on portait en procession l'image du dieu nouveau-né couché dans son berceau, tel que le représente une terre cuite antique (fig. 62) (1). Aux cris de Evohé Bacchus ! se mêlaient ceux de Annouel ou Noël ! c'est-à-dire : un dieu nous est né. Dans les confréries d'Isis, les prêtres, la tête marquée d'une large tonsure et vêtus de surplis blancs, promenaient l'image d'Horus. Le jeune dieu qui venait de naître pour le bonheur de la terre, était représenté dans les bras de la Vierge sa mère (fig. 63 et 64).

63. — Isis portant le dieu nouveau-né.

Dans le symbolisme chrétien, on retrouve le berceau où l'enfant nou-

---

(1) A. Rich, *Dict. des ant. grecques et rom.* V° *Vannus.* La mère de Bacchus, Cérès, était appelée la *Sainte Vierge* (Dupuis, *Or. de tous les cultes*).

Tous les dieux solaires, Agni, dans l'Inde; Mithra, dans l'Iran; Osiris, en Égypte; Bacchus, Thammouz, Adonis, Apollon, en Syrie, en Phénicie et en Grèce; Manou, Bouddha, ont le même caractère. Ils naissent le 25 décembre, au solstice d'hiver, d'une vierge-mère, dans une grotte ou une étable, parmi les animaux ; ils guérissent les malades, ressuscitent les morts. Enfin, tous meurent et ressuscitent, parce que le Soleil, vaincu périodiquement par la nuit et par l'hiver, renaît chaque matin et à chaque printemps. C'est ainsi que la partie la plus importante de la religion n'est que l'écho des chants antiques qui célébraient le soleil — Réthoré. *Science des religions.* Paris, 1891. Pedone, éditeur.

veau-né repose sur la paille à côté de la Vierge
sa mère (1), la vache et l'âne mystiques des Védas
(fig. 65), et jusqu'au petit éventail,
qui serait un contre-sens dans une
scène qui se passe l'hiver et la
nuit, s'il n'était une reproduction
inconsciente mais exacte du mythe
primitif, où il jouait un rôle impor-
tant, puisqu'il servait aux prêtres
à exciter sur la paille les premières
étincelles du feu jaillissant du
Swastika. Ce détail caractéristique, égaré dans
le symbolisme chrétien, en révèle d'une façon
saisissante la véritable
origine. On le trouve
figuré sur un des bas-
reliefs du cimetière de
Sainte-Agnès, à Rome,
et sur plusieurs autres
monuments représen-
tant un personnage
agitant le petit éventail
devant l'enfant qui

64. — Isis portant
le Dieu nouveau-né.

65. — La nativité (xii° siècle).
Collection Vasset.

---

(1) La grotte de Bethléem était un ancien Mithreum ou caver-
ne, dans laquelle le dieu Mithra était né jadis dans les mêmes
conditions. C'est dans les grottes mithriaques que se célébrait,
au 25 décembre, la commémoration de la naissance de Mithra,
appelée « la nativité du soleil invincible », (*Dies natalis invicti
soli*).
Les bas-reliefs de plusieurs sarcophages primitifs du christianisme représentent l'enfant divin emmailloté dans un berceau
en forme de corbeille. Dans des peintures postérieures, comme
pour rappeler qu'il est l'emblème du feu, son corps est lumineux
et éclaire toute la scène, ainsi qu'on peut le voir dans deux tableaux de Gérard Honthorst, au musée des offices, à Florence.

vient de naître (Burnouf) (1). Dans une peinture
de la nativité de l'église Sainte Marie, à Milan,
on voit un personnage émergeant d'un nuage et
tenant à la main l'éventail oriental (fig. 66) (2). Sur une coupe,
trouvée au cimetière de Calliste, un
personnage agite l'éventail autour
de la tête de l'enfant Jésus assis sur
les genoux de sa mère (fig. 67) (3).

66. — L'éventail
oriental de la
nativité.

Par imitation symbolique on intro-
duisit l'éventail jusque dans des images de la nativité de la Vierge,
comme le révèle une
peinture grecque du
musée du Vatican
(fig. 68) (4).

L'éventail du my-
the védique se re-
trouve même dans la
lithurgie primitive,
d'après laquelle il
était agité, comme
jadis, sur l'autel,

67. — L'éventail agité sur la tête
de l'enfant Jésus

pendant le sacrifice de la messe, depuis l'oblation

(1) On remarquera, dans le tableau de la nativité (fig. 65), que
la tête du dieu nouveau-né, placée à l'intersection de la croix,
sort du disque solaire, ce qui est tout à fait conforme au mythe
védique.
(2) Des archéologues ignorant la nature et l'utilité originaire
de cet objet symbolique l'avaient pris, les uns, pour une « hache »
caractérisant « la profession de saint Joseph », d'autres, pour
« la hampe d'un sceptre ou d'une croix. » (Rev. de l'art chrét.,
1880, p. 112).
(3) Martigny. Loc. cit. Vᵒ Vierge.
(4) Rev. de l'art chrét., 1880, p. 337.

jusqu'à la communion. Cette pratique s'est perpétuée jusqu'au xiv⁰ siècle dans l'Église romaine. Elle
subsiste encore dans le rite grec et dans le rite armé-
nien (1).

68. — L'éventail dans la nativité de la Vierge.

II. — Se-
maine
sainte. —
Le culte so-
laire, au-
quel se rattachait intimement le culte du feu, était
l'objet de cérémonies spéciales, destinées à célébrer, à l'équinoxe du printemps, la mort et la
résurrection du soleil. Dans le paganisme, les
fêtes duraient pendant une semaine, qui était la
semaine sainte.

Les anciens célébraient cet événement de la
nature par trois jours de deuil, emblèmes des trois
mois d'hiver. Chez les Phéniciens, le premier jour
était consacré à pleurer la mort d'Adonis (le soleil). De même, le jeudi saint, l'office des « ténèbres » est consacré à la mort du dieu-lumière.
On éteint successivement tous les cierges jusqu'à
ce qu'il n'en reste plus qu'un (le cierge pascal)
qu'on va cacher derrière l'autel et qui ne reparaîtra que le jour de la résurrection.

------

(1) Martigny. *Loc. cit.* V⁰ Flagellum.

Pendant le deuxième jour, consacré au deuil de Vénus, l'autel des sacrifices ne recevait pas de victimes, et on allait visiter dans les sanctuaires le dieu étendu sur son lit. De même, le messie expire le vendredi, jour de Vénus (*dies veneris*), pendant lequel le sacrifice de la messe est supprimé.

Puis, la tristesse se changeait tout à coup en allégresse et, par des chants joyeux (hilaries *alleluia*), on célébrait la résurrection, c'est-à-dire le Soleil qui ressuscite (*resurgere*, se lever de nouveau) après les supplices que les mois hivernaux semblent lui faire. A Rome, on rallumait, sur l'autel, le feu sacré, auquel a succédé le cierge pascal, symbole de la lumière du Soleil renaissant.

Dans l'Église romaine, le cérémonial de la résurrection du feu, qui se pratique le samedi saint, offre une réminiscence frappante du rituel védique. On y retrouve, dit M. Burnouf, le feu naissant par le frottement du caillou qui, en occident a remplacé l'instrument de bois d'où le feu se tirait par frottement. Le feu ainsi obtenu sert à allumer le cierge pascal ; le diacre, vêtu de blanc prend un roseau, qui est le *vêtasu* des hymnes védiques, au bout duquel sont trois bougies, représentant les trois figures de l'enceinte védique; on les allume tout autour avec le feu nouveau en disant chaque fois : « la lumière du christ. » Puis, on allume le cierge pascal, dans lequel la cire remplace le beurre du sacrifice, la « mère abeille », la vache des Indiens, et la mèche, le bois du foyer sacré. Enfin, le Christ paraît sous son nom d'*agnus* (l'agneau pascal), qui semble être Agni sous une forme latine. Un certain nombre des oraisons de cet office ne sont même que la reproduction presque littérale d'hymmes védiques, dans lesquelles on s'est borné à remplacer les mots Aryas et Dasyous par Hébreux et Egyptiens.

III. — *Messe.* — A l'origine du christianisme, la communion n'était qu'une cérémonie symbolique, inspirée par le vieux rite védique, dans lequel les fidèles se partageaient le pain et le vin. C'était le corps mystique d'Agni, puisque le feu (la chaleur solaire) réside à l'état potentiel dans les matières combustibles. Jamais personne n'avait songé à y voir de la chair et du sang humain (1).

Cependant, sur ce symbolisme élevé et scientifique est venue se greffer, après sept siècles, une des dernières survivances de l'anthropophagie. Le dogme de la présence réelle rappelle, en effet, le souvenir d'une des périodes de la civilisation primitive.

Les hommes primitifs se nourrissaient de chair humaine par besoin et par nécessité. Le cannibalisme, c'est-à-dire l'habitude de se nourrir de chair humaine existe encore aujourd'hui chez certaines peuplades sauvages. La religion, impuis-

---

(1) Le sacrifice de la messe rappelle, jusque dans ses détails lithurgiques, les anciens sacrifices païens, dans lesquels le prêtre, habillé de blanc, purifiait d'abord le temple et les fidèles en les aspergeant avec l'eau lustrale, remplacée par *l'eau bénite.*
La cérémonie se continuait par des hymmes au Soleil et au Feu, dont on retrouve les traces, dans *l'introït* : *emitte lucem et*

sante à extirper cette pratique anti-sociale, tourna
la difficulté en la consacrant, mais en persuadant
aux hommes qu'ils ne devaient manger leurs
semblables qu'en l'honneur de la divinité. Les
sacrifices humains eurent donc lieu à certaines
époques périodiques. Les Gonds de l'Inde man-
geaient ainsi de la chair humaine en l'honneur de
la déesse Bera. Aux îles Fidji, l'inauguration des
temples était accompagnée de sacrifices anthro-
pophagiques. Les prêtres frappaient les premiers
les victimes d'un coup de hache, prélevaient un
morceau délicat de la dépouille et abandonnaient
le reste au peuple.

---

veritatem tuam ; *nemini dixi, sed tibi, soli deo* (ces derniers
mots, qui signifiaient, pour les initiés, *Soleil Dieu*, ont été effacés dans la plupart des rituels) ; et dans les invocations qui
suivent : *Kirie eleison* ; *Tu solus dominus, tu solus altissimus;
Gloria in excelsis deo*, etc.
  Ensuite, le prêtre posait sur la tête de la victime un gâteau de
farine. Cette imposition se nommait immolation. Ce gâteau ou
hostie finit même par remplacer tout à fait la victime animale,
dont il reproduisait la figure. Cette victime artificielle s'appelait
« victime de choix »
  Le prêtre, avant de goûter le vin sacré et d'en faire une libation, c'est-à-dire une offrande à *Liber* (Bacchus), le dieu sauveur et libérateur, se lavait les mains. C'était une proscription
formelle du rituel. Hésiode se défend d'offrir du vin à Jupiter
sans s'être lavé les mains. Le *Lavabo* est une prière antique qui
remonte à Orphée et qui accompagnait l'ablution dans les
mystères. Les burettes sont la représentation exacte des *simpu-
les*, petits vases à gorge étroite, employés pour les ablutions.
  Le prêtre récitait des prières pour conjurer la divinité de
bénir l'offrande, ce que reproduit le *canon* de la messe. A ce
moment, il célébrait, pour les initiés, une cérémonie spéciale en
l'honneur de Jupiter *Secretus*, dont on retrouve la trace dans
l'oraison *secrète*, que prononce le célébrant avant le sacrifice.
  Puis, l'officiant se prosternait, se relevait, levait les mains au
ciel, les étendait sur l'hostie, se tournait vers les assistants,
brûlait de l'encens et offrait le pain et le vin aux divinités, en
les invoquant, par trois fois, comme dans le *Sanctus* et l'*Agnus
Dei*. Enfin, après une dernière libation, il congédiait les assistants par ces mots : *licet ex templo*, que remplace *Ite missa
est*. (Ragon. *La Messe*. Paris. 1882. Dentu, édit.).

La consécration religieuse enlevait à ces pratiques leur ancien caractère carnassier pour lui substituer celui d'un acte expiatoire, d'une offrande faite à la divinité, à laquelle on supposait les passions, les instincts et les appétits des mortels. En réglementant l'anthropophagie, en la délimitant, on la raréfiait, et on en préparait l'élimination définitive.

Plus tard, à la suite d'un progrès considérable, l'homme fut remplacé dans les sacrifices par des animaux. Les temples devinrent des boucheries, et c'est par milliers que les bêtes égorgées ensanglantèrent les autels. Aux dieux on abandonnait les bas morceaux, carcasses, entrailles, viscères ; quant à la chair et aux morceaux de choix, ils étaient partagés entre les prêtres et les fidèles (1).

Une nouvelle évolution fit abandonner l'usage d'immoler des animaux. On les remplaça par des

---

(1) « Sacrifie-moi, dit Jehovah dans la Bible, tout ce qui naît le premier parmi les enfants d'Israël, car tout cela est à moi ». Et, dans la vallée de Jérusalem, la chair brûlée des premiers nés montait en longs tourbillons de fumée. Les prêtres distribuaient la chair de l'enfant sacrifié et les Israélites, en mangeant une fois de la victime, effaçaient les péchés commis dans l'année. La pâque était alors la fête de la rédemption par l'immolation de la chair humaine que l'on mangeait ainsi annuellement pour effacer les péchés.

Les prêtres voulurent ensuite remplacer par un agneau l'enfant sacrifié, la victime traditionnelle de la rédemption, mais ils ne furent pas écoutés et l'ancienne coutume persista. Il leur fallut alors user du subterfuge suivant : un grand prêtre déclara avoir découvert dans un vieux rituel la manière dont les sacrifices devaient être célébrés. C'est ainsi qu'ils purent déterminer les juifs à racheter leurs premiers nés moyennant une somme d'argent versée au clergé. On arriva de cette façon à substituer à la victime humaine un agneau dont chaque Israélite devait manger un morceau. Le prix était de 5 sicles d'argent (13 fr.) pour un garçon et de 3 sicles, (8 fr.) pour une fille. (*Nombres* III, 48-51 ; XVIII, 45-46. *Lévitique*, XXVII, 6, *Exode*, XIII, 13-45).

figures symboliques : chez les Mexicains, par l'image du dieu Quetzalcoat, pétrie de farine et de sang ; chez les Chinois, par des images en papier qu'on brûlait dans les cérémonies religieuses ; chez les Romains, par des figurines nommées *oscilla*. L'usage persistant, chez certains peuples, à Java, à la Guyane, à la Nouvelle-Calédonie, au Siam, en Sibérie, de fabriquer des pâtes alimentaires sous forme de figurines représentant le corps humain est une survivance de ces pratiques.

C'est à cette dernière phase que correspond le rite védique, adopté par le christianisme primitif, qui donnait suffisante satisfaction aux vieilles idées de sacrifice, par l'offrande de Dieu le fils à Dieu le père, symbolisée dans la communion. Plusieurs Pères de l'Église, Origène, Tertullien, ne voyaient dans la communion qu'un acte symbolique. Au IIIe siècle, saint Clément d'Alexandrie disait que ces paroles attribuées au Christ : « prenez et mangez, ceci est mon corps », ne devaient être prises qu'au figuré (1). A la fin du Ve siècle (496) un pape enseignait encore qu'après la consécration les espèces ne changent pas de nature, mais restent du pain et du vin (2).

Ce n'est qu'au VIIe siècle que la croyance à la

---

(1) Après ces paroles, l'évangile de saint Jean ajoute : « C'est l'esprit qui vivifie ; la chair ne sert de rien. Or, les paroles que je vous ai dites sont esprit et vie. » (VI, 63). Ce qui prouve clairement que les paroles précédentes ne doivent pas être prises au pied de la lettre. C'est de toute évidence.

(2) Cicéron avait écrit dans son *De natura deorum* : « Parce que nous donnons au blé le nom de Cérès, et au vin celui de Liber, il n'est pas un homme assez sot pour croire que ce qu'il mange puisse être Dieu. » (L. XIII, ch. 10).

Les nègres de l'Achantis mangent le cœur de leurs prisonniers,

présence réelle fut adoptée définitivement et ensuite consacrée par le concile de Nicée (787). Cette innovation donna lieu à de nombreuses protestations. Au XIIe siècle, Brenon, évêque d'Angers et l'archi-diacre Bérenger contestaient encore la théorie de la présence réelle. Bérenger fut contraint, par le pape Nicolas II, à signer une rétractation ainsi conçue : « Moi, Bérenger, diacre indigne de l'église Saint-Maurice d'Angers, je confesse, avec le vénérable pape Nicolas et ce saint Synode, que le pain et le vin après la consécration sur l'autel, sont non seulement le corps et le sang de N.-S. J.-C., mais aussi son *corps matériel et son sang véritable* ; qu'ils sont touchés non symboliquement et en apparence par les prêtres ; que le corps de J.-C. est *rompu* par eux et *broyé par les dents* des fidèles » (1).

Le dogme de la transubstantiation fut fixé ensuite par le Concile de Trente (1550) en ces termes :

Canon I. — Si quelqu'un nie que le corps et le sang de N.-S. J.-C. avec son âme et sa divinité et par conséquent J.-C. tout entier, soit contenu réellement et substantiellement dans le sacrement de la très sainte Eucharistie, mais dit qu'il y est seulement commé un signe, ou bien en figure et en vertu, qu'il soit anathème !

---

croyant s'assimiler ainsi leur courage et leurs vertus guerrières. A Reggio, les Calabrais se font une incision à la main pour y introduire une hostie consacrée et donner ainsi une vertu mortelle à chacune de leurs balles (De Greff).

(1) *Collection des Conciles*, par le R. P. Labbé. T. IX, p. 1011.

Canon III. — Si quelqu'un dit que Jésus-Christ dans l'eucharistie, n'est *mangé* que spirituellement et non pas aussi sacramentellement et *réellement* qu'il soit anathème ! (1).

IV. — *Rites*. — Si le fond des religions est immuable, les manifestations extérieures du culte sont en perpétuel changement. C'est une toile, dont la trame, toujours la même, se déroule avec des dessins et des couleurs différentes. Des rites nouveaux s'agrègent aux anciens, qui disparaissent peu à peu lorsqu'ils sont devenus incompatibles avec les progrès des mœurs et des idées. L'histoire de l'Église offre plus d'un exemple de ce mode d'élimination. Le Saint-Esprit, notamment, relégué à l'arrière plan, comme une sorte de dieu honoraire, a pour ainsi dire cédé la place à la Maya, devenue presque l'égale d'une divinité. Les flammes de l'enfer ont bien pâli. Le diable, qui a tant terrifié le moyen âge, ne fait plus qu'égayer le nôtre ; et la pratique des exorcismes, jadis si fréquente et si imposante, n'est plus aujourd'hui qu'une curiosité historique (2).

Au point de vue des rites et des cérémonies, l'Église, qui n'apportait rien de nouveau ni d'original, puisa abondamment dans le bouddhisme, qui dérivait de la même source (3). Le R. P. Huc,

---

(1) Fleury, *Histoire ecclésiast.* L. CXLVII, ch. 26.
(2) La pratique des exorcismes remonte à l'époque néolithique. Pour faire sortir le démon logé dans la tête, on faisait alors un trou au crâne. On a retrouvé un grand nombre de crânes de cette époque portant la trace de cette opération. (*Rev. de l'Ecole d'anthropol.* 1893, p. 58).
(3) Si le sens originel des rites et des symboles adoptés par la

envoyé comme missionnaire au Thibet (1), fut fort
étonné de trouver chez les bouddhistes le rituel et
les pratiques de sa religion : ostensoir, (fig. 3)
cloches, encensoir, goupillon, crosses, dalmati-
que, bénédiction en étendant la main droite, culte
des saints, paradis (2), enfer, jeûnes, processions,
litanies, eau bénite, exorcisme, rien ne manquait,
pas même la confession auriculaire (3). Le livre

---

religion chrétienne nous sont inconnus, c'est faute de recherches
archéologiques. L'archéologie chrétienne n'a guère remonté jusqu'à présent au-delà des premiers temps du christianisme, de
sorte que l'origine de la plupart des figures symboliques est encore à trouver. (Burnouf).

Il en est de même de l'histoire religieuse des Hébreux, dont les
plus anciennes traditions sont écrites sur l'argile, en caractères
cunéiformes. Longtemps avant l'exode, Chanaan avait ses biblio-
thèques et ses scribes. Ces archives précieuses sont encore aujourd'hui, enfoncés dans le sol, en Palestine, en Syrie, en Egypte,
dans les ruines de Gaza ou Kirjoth Séphar et sous les hauts
tumuli de la Judée méridionale. On n'a pas encore songé à exhu-
mer ces reliques du passé, écrites sur l'argile impérissable. Cependant, l'intérêt de la science exige qu'elles soient l'objet de
recherches systématiques analogues à celles qui ont fait jaillir de
terre l'histoire si instructive de la vieille Egypte. (Rev. archéol.
déc. 1889, p. 359).

(1) Rev. de l'hist. des relig. 1891, p. 126. — Si le Lamaïsme
du Thibet est d'une époque postérieure au commencement de
notre ère, il n'est pas moins vrai qu'il ne fut qu'une transforma-
t'on du bouddhisme. Quant à ce dernier « les fameux édits du
roi Açoka, gravés à la manière des inscriptions achéménides sur
les rochers de Kapur-da-Garhi et de Gimar, démontrent que ses
dogmes étaient arrêtés, au moins dans leurs grandes lignes, en-
viron 250 ans avant l'ère chrétienne » (De Milloué, Le Bouddhisme dans le monde, 1894).

(2) Max Muller a publié un manuscrit bouddique, traduit en chinois, 400 ans avant J.-C., qui contient une description du paradis. Le ciel bouddique se divise en trois étages principaux avec
un grand nombre de subdivisions, sur lesquelles semble avoir été
calquée l'organisation de la hiérarch e céleste en trônes, puissances, dominations, etc. (Rev. de l'hist. des relig. 1888, p. 309).

Les sacrements sont aussi d'origine bouddhique. Le brahmisme en comptait cinq : le baptême, la confirmation, la confession,
le mariage, l'ordination (Jacolliot, La Bible dans l'Inde. Paris,
1869, p. 313).

(3) L'origine de la confession remonte au brahmanisme, où les
confesseurs gourous remettaient les péchés en employant la formule même qu'on retrouve dans le rituel romain. Cette pratique

de l'abbé Huc fut mis à l'index. Un autre missionnaire, le P. Giorgi écrivait : « Lorsque j'ai vu
qu'un peuple possédait déjà un dieu descendu du
ciel, né d'une vierge, mort pour racheter le genre
humain, mon âme s'est troublée, je suis resté con-
fondu ». Cet aveu, bien que publié en latin, fut
blâmé par la cour de Rome. (1)

Le culte hébraïque, auquel on semble vouloir ne
se rattacher que par un simple lien généalogique
(la race de David) et nominal (jésus), n'a rien
fourni, en dehors du tabernacle, souvenir de l'ancienne loi, et du mythe effacé de l'agneau pascal.

Les prières et les oraisons, à l'exception de
celles qui ne sont que des psaumes ou des cita-
tions de la Bible, « sont animées d'un esprit qui
n'a rien de sémitique ; beaucoup d'entre elles ressemblent, par le fond et par la forme, à des chants
aryens dont nous possédons les originaux »
(Burnouf).

Il en est autrement du paganisme qui, comme
le bouddhisme, a été mis largement à contribution. Presque tout le costume du clergé en vient.

V. — *Costumes*. — La soutane noire avec
ceinture à la taille, était le vêtement des prêtres de
Mithra, qu'on appelait *hierocoraces* (prêtres-cor-
beaux), à cause de la couleur de leur robe. Les

---

existait dans la plupart des peuples de l'antiquité, en Grèce, en
Perse, en Egypte. Les trois *meâ culpâ* du *confiteor* sont la représentation symbolique des coups de fouet qu'échangeaient les
Hébreux, à l'imitation des Egyptiens, après s'être confessés les
uns aux autres.

(1) *Alphabetum thibetanum*, Rome, 1742.

aubes et les surplis rappellent les vêtements des
prêtres d'Isis, dont la couleur blanche était com-
mandée par la température (1). Les prêtres païens
en avaient adopté l'usage et c'est sous ce costume
qu'on les voyait dans les processions dont Ovide
nous peint la *candida pompa* (Fastes, V, 906).
L'amict, porté aussi par les pontifes païens, avait
pour but de couvrir (*amicere*) le cou. La chasu-
ble, ample vêtement noué au cou et descendant
jusqu'aux talons, était l'habillement des sacrifica-
teurs phéniciens et égyptiens. Son nom vient de
ce qu'il offrait l'aspect d'une cabane (*casula*) cou-
vrant le prêtre.

La coutume de se raser toute la barbe était
spéciale aux prêtres dès la plus haute antiquité.
Dans l'art chaldéen, le type barbu et chevelu
représente les dieux, les héros, les princes, les
guerriers et les pasteurs, le type rasé représente
les prêtres. L'origine de cette coutume est la
même que celle de la tonsure. On croyait, dans
les temps primitifs, qu'une vertu magique résidait
dans la chevelure. La légende de Samson dérive
de cette idée. Chez les peuples anciens, le sacrifice de la chevelure, total ou partiel, était fréquent. On en trouve de nombreux exemples dans
les religions. Le rasement des cheveux était le
symbole de la consécration de la personne entière
se traduisant par le sacrifice d'une partie d'elle-

(1) Dans les fresques de Pompéi on voit les prêtres d'Isis,
rasés, avec tonsure sur la tête, vêtus d'aubes blanches. Baronius relate que les prêtres du paganisme portaient le surplis,
l'anneau, la mitre et l'aube quand ils sacrifiaient.

même (1). Chez les Égyptiens, les prêtres d'Isis, spécialement consacrés au culte du soleil, se rasaient le sommet de la tête en forme de disque. On voyait à Rome cette tonsure symbolique sur la tête des prêtres d'Isis. Ce signe caractéristique du culte solaire n'a pas disparu.

69. — Bas-relief assyrien.

Le bonnet carré noir dont se couvrent les prêtres officiants est exactement la coiffure des flammines, prêtres de Jupiter à Rome, surmontée d'une houppe de laine ou de fil appelée *flammeum*. La petite calotte noire hémisphérique coiffait jadis les prêtres du collège des Arvales, à Rome, comme en témoignent des figurines en bronze remontant à cinq siècles avant Jésus-Christ.

70. — Coiffure du dieu Horu en Égypte.

Le bonnet des évêques rappelle l'ancienne coiffure en tête de poisson des prêtres chaldéens qu'on voyait aussi, en Égypte, sur la tête des prêtres et de certaines divinités. (fig. 69 et 70).

Quant à la crosse, vieux bâton des chefs de tribus, marque du commandement et de l'autorité, elle avait dès les temps les plus reculés cette signification symbolique et se trouvait à la main des prêtres

(1) *Rev. de l'hist. des relig.* 1887, p. 381. — Encore aujourd'hui les religieuses, lorsqu'elles prononcent les vœux ont les cheveux rasés.

de l'Assyrie comme dans celle des Lamas bouddhiques (1). Dans le paganisme, c'était le bâton
augural.

Le vêtement des papes est aussi un emprunt
au passé. Les rois de Babylone portaient un
anneau d'or qui leur servait de cachet, des pantoufles que baisaient les rois vaincus, un manteau
blanc, une tiare d'or d'où pendaient deux bandelettes. Le pape porte comme eux, un anneau d'or
qui lui sert de cachet, des pantoufles que baisent
les fidèles, un manteau de satin blanc semé d'é-
toiles d'or, une tiare d'où pendent deux bandelettes
d'or (2).

VI. — *Prières*. — Les premiers peuples
avaient été amenés à attribuer à la parole une
vertu spéciale pour apaiser ou se concilier les
forces mystérieuses de la nature. C'est cette idée
qui a donné naissance aux pratiques de la magie
et de la sorcellerie. Cette déification de la parole,
du verbe, en mettant la puissance divine dans la
main des prêtres, a permis à la caste sacerdotale
de s'emparer du gouvernement.

La prière, dit M. André Lefèvre, ce quéman-
dage obstiné de l'égoïsme naïf, n'a qu'un seul et
constant objet (les ex-votos en font foi), l'obtention
d'une faveur déterminée. Elle favorise le rôle intéressé du prêtre ou sorcier, intermédiaire et confi-

---

(1) M. A. de Mortillet, l'a signalée en France sur un menhir et
douze dolmens. M. G. de Mortillet l'a trouvée sur un cippo romain
de Siklric et sur un menhir de Glasinac. (*Rev. de l'École d'anthrop*, 1884, p. 391).
(2) *La messe*, par Ragon, Paris 1882, Dentu, édit.

dont de la divinité, qui négocie les conditions du marché, sans oublier la bonne petite commission. En définitive, c'est toujours lui qui empoche la forte somme. La vieille croyance à la puissance du hasard est tellement invétérée dans les cerveaux humains que « les plus convaincus du rigoureux enchaînement des faits se laissent aller à supposer qu'il existe dans la trame universelle des trous par où l'on échappe à l'ordre des choses, certains nœuds que l'on tourne ou que l'on tranche, je ne

71 — Brahmine en prière (Musée Guimet.)

sais quel déclinaison des atomes dont on peut mettre à profit les écarts et les caprices » (1).

Les gestes qui accompagnent les prières ont été empruntés au paganisme et au bouddhisme (fig. 71 et 72). Des fouilles, pratiquées dans les tumuli de l'Etrurie, on fait découvrir un buste antique de femme ayant les mains jointes et les pouces en l'air, geste d'adoration et de prière (fig. 73) (2).

72. — Adorateur de Vischnou (Musée Guimet)

(1) André Lefebvre. *Dict. des sciences anthrop.* v° prière.
(2) *Rev. archéol.* 1894. p. 103.

La coutume d'étendre les bras et de les relever
légèrement en adressant des prières aux dieux
était l'attitude habituelle des païens, comme l'at-
testent de nombreuses médailles antiques. Les
prêtres bouddhi-
ques s'agenouil-
laient pour prier
(1). L'imposition
des mains et le
mouvement de la
bénédiction sont
des vestiges de
l'ancienne mise en
scène employée
par les prêtres
païens, pour en-
dormir les malades
dans les temples.

73. — Buste antique de l'Etrurie

Quant aux formules des prières principales,
comme le *pater*, le *confiteor*, le *Credo*, elles
semblent empruntées à celles du Mazdéisme,
puisées elles-mêmes dans les doctrines védiques.
Les Mazdéens pratiquaient la confession et réci-
taient le *confiteor* suivant : « Je me repens de
tous mes péchés, j'y renonce. Je renonce à toute
mauvaise pensée, à toute mauvaise parole, à toute
mauvaise action. Je fais cet aveu devant vous, ô

---

(1) On voit au Musée Guimet des statuettes bouddhiques représentant des prêtres à genoux, en prière (*Petit guide illustré du
musée Guimet*, p. 46). Les Égyptiens s'agenouillaient dans les
actes d'adoration. Des fouilles récentes ont fait découvrir dans
des tumuli d'Etrurie une terre cuite antique figurant une femme
à genoux, en adoration (*Revue archéol.* 1891. p. 103).

purs !... O Dieu, ayez pitié de mon corps, de mon âme, dans ce monde et dans l'autre. »

Leur *pater* était ainsi conçu : « Je vous prie et je glorifie votre grandeur, Seigneur des Seigneurs, roi élevé sur tous les rois. Créateur qui donnez aux créatures la nourriture nécessaire de chaque jour ; Dieu grand et fort, qui êtes dès le commencement ; Dieu miséricordieux, libéral, plein de bonté, qui nourrissez, entretenez et conservez, que votre règne soit sans changement.

« Je me repens de mes péchés, de tous mes péchés ; je renonce à toute mauvaise pensée, à toute mauvaise parole, à toute mauvaise action. »

Le *credo* mazdéen était plus court : « O Dieu, juge grand, excellent, je me repens de mes péchés, je crois à Dieu et à sa loi ; je crois que mon âme ira au paradis, que l'enfer sera comblé à la résurrection, que les démons d'Ahriman seront anéantis » (1).

La prière a donné naissance au chapelet, qui permet de répéter mécaniquement les mêmes mots un grand nombre de fois. Ce sont les bouddhistes qui paraissent avoir inventé ce mode de prière

_____

(1) Véron. *Histoire naturelle des religions*. T. I, p. 287. Paris. 1885.

Les litanies, par lesquelles les cultes antiques célébraient les vertus spéciales de leurs divinités, ont conservé leurs formes primitives et leurs invocations païennes. La Vierge Marie, par exemple, qui a succédé aux Vierges-mères des anciennes mythologies, est non seulement représentée par les diverses images qui figuraient jadis ces divinités, elle est aussi invoquée, sous les mêmes vocables, dans les litanies qui lui sont consacrées.

C'est ainsi que la *mère du dieu incarné* des Brahmes est devenue *virgo dei genitrix* ; Frigga, la *reine des Vierges* de l'Edda, *regina Virginum* ; la *Vierge qui doit enfanter* des Druides, *virgo paritura* ; Cérès, *la mère universelle* des litanies

(fig. 77. V. aussi fig. 14). Saint Dominique per-
fectionna le chapelet par l'invention du rosaire
qui, en triplant les grains du chapelet primitif,

71. — Shin-Ran tenant le chapelet. (Musée Guimet).

permet de répéter les mêmes mots dans le même
ordre cent cinquante fois de suite. Cela dépasse
le chapelet Djou-Zou des pèlerins bouddhistes,

---

grecques, *mater admirabilis* ; Isis, déesse de la chasteté, *mater
casissima* ; Isis, couronnée de tours, *turris eburnea, turris da-
vidica* ; Isis coiffée du croissant, *fœderis arca* ; Isis portant le
vase *mystique* symbole des eaux fécondes du Nil, *vas electionis,
vas honorabile, vas lætitiæ*; Isis, consolatrice des affligés dans
les litanies des mystères isiaques, *consolatrix afflictorum* ; Ops
portant la clé de la porte du ciel, *janua cœli*; Hécate couronnée
de la *rose mystique* (à 5 feuilles), *rosa mystica* ; Junon, *reine
de l'Olympe, regina angelorum*; Uranie, la déesse *étoile de la
mer, maris stella* ; Phébé, *l'étoile matinale* des litanies païennes, *stella matutina*.

qui a cent six grains, mais n'égale pas le dernier perfectionnement apporté à cette pratique par le procédé fameux du moulin à prières des bouddhistes, dont on peut voir plusieurs spécimens au Musée Guimet.

VII. — *Processions.* — L'usage des processions a été déterminé par le besoin de conserver aux yeux des populations attachées à l'ancien culte une de ses plus importantes manifestations extérieures. A Rome, les mystères se célébraient par des processions dans lesquelles on promenait les statues des dieux et des déesses, que les confréries d'hommes et de femmes, d'ouvriers et d'affranchis, escortaient avec les prêtres, en chantant des litanies. Ovide décrit, dans *Les Amours* une procession en l'honneur de Junon : « Un *autel* reçoit la *prière* et *l'encens* votif. C'est là qu'au signal donné, suivant la coutume, par le son de la flûte, la *procession annuelle* de Junon se met en marche, en passant par des chemins *couverts de tapis.* Partout où doit passer la déesse, les jeunes gens et leurs timides compagnes *couvrent de tapis* le long des chemins. Les cheveux des jeunes filles sont chargées d'or et de pierreries ; *vêtues de blanc,* suivant la coutume grecque établie par leurs ancêtres, elles s'avancent, *portant les objets du culte* qu'on leur a confiés ; le peuple fait silence pendant la marche de la brillante procession. A la suite des *prêtresses* paraît enfin la *Déesse* elle-même. »

Les processions des quatre temps pour assurer

la pluie ou le beau temps, qui se pratiquaient chez les Romains, ne diffèrent pas des pratiques du personnage que les Cafres appellent « le faiseur de pluie. »

Le solstice d'été, qui marque l'apogée de la course du soleil, était célébré dans l'antiquité par des cérémonies cultuelles. A l'origine on brûlait, en l'honneur du soleil, des victimes humaines, qui furent ensuite remplacées par des animaux. Au moyen âge, à Lyon, à Paris et en Lorraine, on brûlait encore solennellement des chats enfermés dans des sacs ou dans des cages d'osier. Les feux de la Saint-Jean furent une transformation de la coutume primitive. Ils ont eux-mêmes été remplacés par la Fête-Dieu, qui ne date que du XIII° siècle, et qui consiste à promener solennellement en procession l'ostensoir-soleil, à l'époque même où l'on promenait jadis processionnellement, à Athènes, la statue du Dieu-Soleil, sous un dais, qui s'arrêtait sous des reposoirs en feuillages.

La coutume de retenir de chaque côté, par des cordons, le dais sous lequel on promène le Saint-Sacrement, rappelle les monuments de l'antiquité où l'on voit des personnages agenouillés retenant le soleil par des cordons. M. Layard, dans ses *Monuments*, a reproduit un de ces groupes. Au Bristish Museum on voit une pierre, provenant d'un sanctuaire, près de Samos, représentant le dieu Soleil que deux personnages retiennent par des cordons (1).

_____

(1) *Rev. de l'hist. des relig.* 1890, p. 216.

VIII. — *Chants.* — Les chants sacrés de l'E-
glise romaine ont été pour la plupart empruntés
aux mélopées antiques, avec élimination de l'élément instrumental (1). C'est ainsi que le magnifique chant *Lauda Sion* n'est qu'une copie exacte
de la mélopée d'une strophe de Pindare (première
Cythique). L'harmonie dorienne a inspiré le chant
mélancolique d'*In exitu israël.* Le *te Deum*, le
pater et la *préface* de la messe sont aussi la reproduction de célèbres mélopées grecques.

Les modes et les cantilènes de la lithurgie
catholique, sont un reste précieux quoique bien
défiguré de l'art musical gréco-latin. C'est de ce
plain chant, qui formait, au moyen-âge, avec quelques vieux chants nationaux, toute la musique de
l'Europe chrétienne, qu'est sortie la musique actuelle devenue tout à fait profane.

IX. — *Cierges.* — Les païens avaient l'habitude d'allumer, en plein jour, des cierges, des
flambeaux et des lampes sur les autels des dieux,
pendant les cérémonies religieuses. Les fidèles se
rendaient aux cérémonies isiaques, munis de cierges et de flambeaux, pour honorer la lumière,
principe générateur du soleil et des astres (2).
Des luminaires brûlaient même en permanence
devant les statues des dieux et les niches des
carrefours. Une inscription trouvée à Rome, dans
le temple de Diane, mentionne l'offrande, par un

---

(1) *La Mélopée antique dans le chant de l'église latine*, par
F. A. Gevaert. Gand, 1895. Hoste, édit.
(2) Lactance. *Instr. div.* VI. 2.

fidèle, d'une lumière perpétuelle pour obtenir la protection de la déesse.

Cette superstition fut d'abord condamnée par l'Église. Au iiie siècle, Lactance la poursuivait encore de ses sarcasmes (1). L'ironie et les prohibitions ne purent triompher des habitudes populaires. Après quatre siècles d'efforts impuissants et de vaines défenses, l'Église se décida à les adopter, et leur donna même un tel développement que, sur ce point, la revanche du paganisme ressemble presqu'à un triomphe.

X. — *Images*. — Il en fut de même pour les images des dieux et des déesses. Le culte de ces représentations anthropomorphiques fut longtemps interdit comme une idolâtrie. Les pères de l'Église, saint Clément d'Alexandrie, Tertullien, Origène, étaient unanimes à repousser ces simulacres. Le concile d'Espagne (305) défend l'usage des peintures dans les églises, « de peur que l'objet de notre culte et de nos adorations ne soit représenté sur les murailles ». En 393, saint Épiphane reprochait aux Carpocratiens d'avoir chez eux des images et des statues de Jésus-Christ en argent et en autre métal. Il arrachait d'une église de Syrie une image devant laquelle le peuple priait, en déclarant que l'Église prohibait cette supersti-

---

(1) Parlant de l'introduction des lampes des païens dans les églises, Lactance disait : « S'ils daignaient contempler cette clarté que nous appelons Soleil, ils reconnaîtraient que Dieu n'a pas besoin de leurs lampes ». Vigilantius protestait aussi contre l'introduction dans l'église de « la coutume des gentils allumant de viles bougies, pendant que le Soleil éclaire de mille clartés ».

tion (1). Au viiie siècle, le concile de Hyérie, près Constantinople, composé de 338 évêques, interdisait encore le culte des images comme une idolâtrie.

Les populations n'en persistaient pas moins à fabriquer et à vénérer les images qu'elles étaient habituées, depuis des siècles, à considérer comme la représentation de la divinité. Il fallut céder à la puissance de la routine et confirmer ces habitudes en les adaptant au nouveau culte. En 787, le concile de Nicée consacra officiellement le culte des images de J.-C. et des saints, sous le nom de culte de Dulie, réservant à Dieu le culte de Latrie. Cette décision, quoique signée par 305 évêques, fut vivement attaquée par Charlemagne, qui fit même composer contre le concile les fameux *livres*

75. — Déesse Arthémis.

76. — Tabernacle de Diane.

carolins. Il n'en fut pas moins canonisé, par un anti-pape il est vrai, ce qui explique l'omission de son nom dans le calendrier romain.

On figura la vierge et les saints, sous le même aspect et dans la même attitude que les dieux et les déesses qu'ils continuaient à représenter. On

(1) Collin de Plancy. *Dict. des reliques*. V° Images.

retrouve les types qui ont servi à symboliser la vierge Marie, notamment dans les images d'Isis (fig. 63 et 64) (1), dans celles de la déesse Arthémis d'Ephèse, vierge et guerrière de la mythologie grecque (fig. 75), dans un petit tabernacle de

77. — La déesse Diane.   78. — La déesse mère Déméter.

Diane provenant du temple de Jupiter à Alexandrie (fig. 76), dans une médaille de Diane reproduite par M. Mourant Brock (fig. 77), dans une figurine de la déesse Déméter, dont on a trouvé plusieurs milliers d'exemplaires à Pæstum, près du temple de Neptune (fig. 78) (2), dans une statue de Junon

(1) Les madones noires d'Italie ne sont que d'anciennes statues d'Isis portant dans leurs bras le dieu Horus. Ces statues étaient vêtues de robes, comme le sont encore celles de la Madone.

(2) Gaz. des beaux arts, 1880, I, 225.

allaitant son fils, le dieu Mars (fig. 79) (1).

Les saints et les saintes ressemblaient si bien aux dieux et aux déesses, qu'il arriva parfois que ces derniers furent vénérés à leur lieu et place. Comparez l'image de la déesse Astarté

79. — La déesse Junon allaitant le dieu Mars

80. — Sainte Marguerite

gravée sur une médaille du musée historique (fig. 23) avec une statuette de sainte Marguerite, de l'abbaye de Westminster (fig. 80), et vous comprendrez comment les moines de l'abbaye de Saint Evre ont pu prendre le portrait de l'empereur Germanicus, gravé sur un camée antique, pour celui de saint Jean l'évangéliste, et en faire le plus bel ornement de la châsse de sainte Aprone (2) ; comment un autre camée représentant Caracalla, fut pris pour l'image de saint Pierre, enchâssé dans un évangéliaire du XIᵉ siècle, et donné ensuite,

(1) Millin. *Gal. mythol.* I. pl. 39, nᵒˢ 142.
(2) Babelon. *Cabinet des antiques*, p. 137.

par le roi Charles V à la sainte chapelle (1).
Pareille mésaventure est arrivée, dans la cathédrale
de Chartres, à une relique insigne contenant « la
chemise de la Sainte Vierge » enrichie d'un su-
perbe camée représentant saint Jean avec un ai-
gle aux pieds. Cette pieuse image, après avoir
été vénérée pendant des siècles, fut transmise,
sous la Révolution, au cabinet des médailles, où
l'on découvrit que c'était un camée antique repré-

81. — Génie antique (Musée d'Architecture).

82 — La déesse Diane et les victoires (Médaillon d'Antonin)

sentant Jupiter (2). Dans la même église, une
vieille statue druidique, placée sur un autel, a
été métamorphosée en statue de la Sainte-Vierge.
On pourrait multiplier ces exemples d'honneur
inespérés, rendus aux images des divinités du
paganisme (3).

Dans l'antiquité, les divinités étaient souvent
représentées avec des ailes : les mercures, les

(1) *Ibid*. p. 138.
(2) *Ibid*. p, 173.
(3) On voyait encore, en 1514, la statue d'Isis, la déesse des
Parisii (Parisiens). dans l'abbaye de Saint-Germain-des-Prés.
Le cardinal Briçonnet fit briser cette figure vénérée par le peuple.

amours (fig. 33), les cupidons, les génies (fig. 81),
les victoires (fig. 82, 83 et 84), les sphinx étaient
ailés (1). Les Egyptiens symbolisaient le soleil par
un disque ailé. En Chalcédoine et en Assyrie, les

83. — La déesse Niké, sur une
amphore grecque (332 ans
av. J.-C.)

81. La déesse Niké, dans la
Grèce antique.

divinités étaient figurées sous la forme humaine
avec des ailes. C'est ce qui explique la vision
d'Ezéchiel apercevant quatre têtes d'animaux célestes avec des ailes. Il voit aussi des chérubins
ayant chacun quatre ailes, sous lesquelles appa-
raissent des mains d'hommes. Ces chérubins
étaient les images des divinités ailées de l'Assyrie, munies de quatre ailes, sous lesquelles apparaissaient des mains humaines. M. Tylor a reproduit quelques unes de ces figures dans ses *Personnages ailés des monuments assyriens*. Les

_____

(1) Dans les fouilles de Delphes on a trouvé plusieurs représentations de la déesse Athéna, figurée avec des ailes (*Journal
officiel* du 1 sept. 1891, p. 1434 et 1435).

7

animaux évangéliques correspondent à quatre constellations, qui occupent, au solstice d'hiver, les quatre points cardinaux de la sphère et qui formaient jadis le cortège du dieu Soleil.

Les figures ailées par lesquelles on représente les anges ne sont que la reproduction des cupidons, des génies et des victoires, dont ils ont pris la succession. Chez les Romains, chaque quartier avait ses lares et ses pénates protecteurs. C'était l'image des ancêtres et des mânes divinisés présidant à la vie de famille et aux fêtes populaires. A côté des pénates et des lares figuraient les génies, compagnons et guides des vivants, qui sont devenus les anges gardiens. L'expression commune, c'est mon bon génie, a même survécu à celle d'ange gardien.

Le culte des images, c'est-à-dire d'un objet matériel vénéré comme une idole, est une des formes du fétichisme primitif. En Afrique, pour se préserver contre les mauvais sorts, détourner les calamités, se rendre les dieux propices et en obtenir des faveurs, les nègres se munissent de morceaux de bois sculptés, d'osselets, de perles, de cailloux blancs et autres objets consacrés par les féticheurs.

Les religions successives ont conservé ces pratiques. Qu'est-ce que le chapelet bouddhique, qui a donné naissance à la grande variété des chapelets de sainte Brigitte, du rosaire, de Notre-Seigneur, du Précieux sang, des Cinq plaies, de l'Immaculée Conception, du Sacré-Cœur, de la bonne mort? Qu'est-ce que le cordon brahmique,

qui est devenu le cordon de saint Joseph, de saint
Thomas d'Aquin, du Précieux sang ? Qu'est-ce que
les scapulaires bleus, rouges, bruns, blancs ? Et
la médaille de saint Benoit, qui défend contre les
sorts, et la médaille de saint Joseph, qui assure
le succès dans les examens, et les autres médailles
miraculeuses ? Et les roses bénites, les *agnus
dei*, les sacrés cœurs, en un mot, tout l'arsenal
de la superstition moderne, sinon la copie et la
survivance des amulettes et des talismans fabri-
qués par les nègres féticheurs.

En fait de superstitions, il n'y a rien de nouveau : si les noms changent, la crédulité est la
même. En Grèce, on montrait à Métaponte les
outils qui avaient servi à fabriquer le cheval de
Troie ; à Phaselis, la lance d'Achille ; à Nicomédie, l'épée d'Agamemnom, et dans plusieurs
autres villes, le vrai Palladium de Troie. Il y avait
des statues de Minerve qui brandissaient la lance,
des peintures qui pouvaient rougir, des images
qui suaient, des sanctuaires et des châsses en
nombre infini.

CHAPITRE VI

LES SAINTS

I. — *Origine et filiation*. — Le christianisme, tel que l'avaient conçu et établi les apôtres, avait pour objet essentiel l'enseignement de la morale, et ne comprenait d'autre pratique cultuelle que la lecture de l'évangile et la communion allégorique. Il n'y a dans les évangiles ni rituels, ni organisation ecclésiastique. Les temples dans lesquels se réunissaient les premiers chrétiens n'avaient ni décoration, ni ornements, ni images, ni statues. Cette tradition a été reprise dans les temples protestants. Lactance rapporte qu'en 303, le préfet de prétoire ayant pénétré par ordre de Dioclétien, dans le temple le plus considérable des chrétiens, à Nicomédie, pour le démolir, n'y trouva d'autre objet de culte que l'écriture sainte, dont la lecture était faite aux fidèles.

Cette simplicité vouait le culte nouveau à une impuissance fatale, dans un milieu habitué aux pompes du paganisme, au sensualisme des cérémonies et aux pratiques réalistes du fétichisme. Il était destiné, en raison même de sa supériorité, à demeurer incompris et à disparaître. Les apôtres étaient de plus de quinze siècles en avance sur leurs contemporains.

Une circonstance fortuite vint lui donner cependant une vitalité inespérée. Les apôtres avaient été les pères de la doctrine, Constantin fut le fondateur de l'église. Assassin de son père, de son beau-frère, de son fils, de sa femme et de son neveu, ne reculant devant aucun crime, aussi lâche que sanguinaire, aussi superstitieux que cruel, tel était le personnage.

A la veille d'une bataille, il invoqua le dieu des chrétiens, dont les chefs le flattaient et s'étaient glissés dans sa cour. La fortune ayant favorisé ses armes, par la victoire sur Maxence, il en témoigna sa gratitude, en chargeant les chrétiens devenus d'utiles auxiliaires du gouvernement, de l'exécution des décrets qui frappaient les temples païens d'impôts et de confiscation au profit de l'État. Ces services furent d'ailleurs grassement payés sur les dépouilles sacrées. Plus tard, les biens des Arvales seront confisqués aussi à leur profit et les sanctuaires païens transformés en églises (basilique de Saint-Valentin). La haine que la nouvelle secte manifesta contre l'empereur Julien provenait surtout de ce qu'il voulait faire restituer aux temples païens les biens dont ils avaient été dépouillés sous Constantin.

Quant à celui-ci, s'il a favorisé les chrétiens, il ne s'est jamais converti. Sa prétendue conversion n'est qu'une légende. Par la puissance souveraine dont il était revêtu, il était le surveillant, l'évêque de toutes les religions publiquement professées dans l'empire ; à ce titre, il intervenait dans toutes les querelles religieuses et sa décision faisait loi. Il n'était pas plus soumis au dogme chrétien qu'à un autre : il était arbitre souverain. En se servant des chrétiens pour assurer l'exécution de mesures fiscales, il faisait œuvre politique, rien de plus. Il était si peu devenu chrétien, que dans l'apothéose officielle et publique qui lui fut décernée sous son fils, il est représenté, sur les médailles commémoratives, vêtu du manteau sacerdotal païen et monté sur le char solaire. Les coursiers le portent au ciel et lui tendent en signe d'union la main droite du dieu soleil, à côté duquel il va se placer (fig. 5).

La décadence de la société romaine, alors en pleine décomposition, facilitait le développement du christianisme. Son expansion, favorisée par les successeurs de Constantin, se manifesta par la destruction des temples et des sanctuaires païens ou leur confiscation (1). Malgré des mesures de violence et une série de persécutions, dont les décrets des empereurs chrétiens et le code sanguinaire de Théodose portent la marque, les masses demeuraient profondément attachées à l'ancien culte. Le paganisme, enraciné dans les cerveaux, vaincu mais non détruit, parviendra à reprendre force et vigueur. Il trouvera des routes secrètes pour pénétrer jusque chez ses persécu-

---

(1) V. Michelet. *Œuvres de Marnix de sainte Aldegonde.* Introduction. Amsterdam, 1857. Gunst, édit.

teurs et se substituer à leurs propres doctrines.
L'éducation était restée païenne et pendant plusieurs siècles, le christianisme ne put créer un
enseignement qui lui fut propre.

On croyait avoir radicalement supprimé le paganisme par le silence. Mais on n'élimine pas plus
par le silence que par la violence, des croyances,
des habitudes, des traditions invétérées. Les religions, comme toute institution humaine, sont
soumises aux lois de l'évolution et de la survivance. Pour arriver à pénétrer les populations,
pour prendre racine dans les milieux où elle s'était
introduite, nous avons vu que l'Église avait dû
s'assimiler peu à peu leurs cérémonies, leurs rites
et leurs superstitions. Pendant plusieurs siècles,
l'histoire de l'Église offre le spectacle de ces agré-
gations successives.

L'olympe païen continuant à vivre dans les
souvenirs et dans la vénération populaire, il fallut
capituler avec ces morts récalcitrants. Dans l'impuissance de les supprimer, on se résigna à
reconnaître l'existence des dieux et déesses, et à
les introduire dans le panthéon chrétien. Toute-
fois, ils reçurent, selon leurs attributs, leur nature
et leur caractère, une destination différente. Les
uns, comme Jupiter, Mars, Janus, Diane, Neptune, Minerve, Mercure, furent qualifiés démons
et envoyés en enfer, les autres, considérés comme
bienfaisants, furent qualifiés saints et logés en
paradis.

Au viie siècle, saint Éloi, dans une instruction
pastorale, interdit d'invoquer le nom « des *démons,*

comme Neptune, Diane, Minerve et le génie » ; il défend aux femmes de porter au cou des sachets et « d'invoquer Minerve *ou d'autres esprits malfaisants* » (1). Au viᵉ siècle, saint Gall conversait avec le Génie de la montagne et le Génie des eaux, qu'il exorcisait comme démons (2). Grégoire de Tours fait dire par Clotilde à Clovis qu'elle veut convertir : « Mars et Mercure, qu'ont-ils jamais pu faire, *ils possédaient plutôt un art magique* qu'une puissance divine » (L. XII, ch. XXIX).

Les dieux païens relégués aux enfers se vengèrent de cette disgrâce en revenant de temps à autre sur la terre tourmenter les mortels. Diane a joué pendant plusieurs siècles un rôle considérable dans les assemblées nocturnes des sorciers. Sulpice Sévère raconte gravement que saint Martin voyait souvent apparaître, sous la forme de démons, Jupiter, Vénus, Minerve et Mercure. Au xiiᵉ siècle, Guibert de Nogent nous montre un moine de l'abbaye de Flavigny recevant la visite d'un diable qui lui apporte un livre, « de la part de Jupiter. »

Il fallut des prohibitions nombreuses et répétées pour arriver à éteindre le culte de ces divinités, même après leur incorporation dans les cohortes infernales. En 566, le concile de Tours interdit encore de fêter le premier janvier en l'honneur de

---

(1) *Dict. des sciences anthropol.* Vᵒ Paganisme. — Le même procédé fut employé à l'égard des divinités étrangères, comme *Lug*, le Mercure gaulois, qu'adoraient les Arvernes et qui fut placé en enfer. (*Rev. de l'hist. relig.* 1888, p. 366).
(2) *Rev. de l'hist. des relig.*, 1891, p. 277.

Janus, et celui de Narbonne, en 589, de fêter le jeudi en l'honneur de Jupiter.

La persistance des traditions et des croyances populaires est si tenace, qu'aujourd'hui encore, les armes de la ville de Nantes portent cette invocation éminemment païenne : *Favet Neptunus eunti* (Neptune protège le navigateur) (1).

Les dieux païens transformés en démons ne comprenaient qu'une minorité de l'Olympe, les autres furent admis, à titre de saints, quelquefois même sans changement de nom, dans la cour céleste. Ce mode de transformation n'était pas sans précédent. Lorsque le polythéisme grec avait pénétré dans l'empire romain, on avait vu les divinités grecques, Hermès, Aphrodite, Athéné, Apollon, Artémis, Déméter, Hadès, Persséphone, introduites dans le panthéon romain, sous les noms nouveaux de Diane, Cérès, Proserpine, Mercure, Vénus, Minerve, etc. Les dieux orientaux importés à Rome avaient subi un changement de dénomination analogue.

La qualification de saints qui allait être donnée aux anciens dieux dérivait elle-même d'une conception païenne. Les anciens avaient imaginé de peupler le ciel des héros et des empereurs qu'ils divinisaient après leur mort. Ces dieux secondaires, assimilés aux étoiles qui environnent le

---

(1) Le 20 avril 1895, au Hâvre, en l'honneur de la visite du Président de la République, un portique monumental, élevé en face de la mer, était placé sous l'invocation du dieu « Mercure, patron du commerce », dont la radieuse image apparaissait entre les deux pilastres, comme une inconsciente survivance de croyances depuis longtemps disparues (V. *Journal du Hâvre* du 18 avril 1895).

soleil, étaient l'objet d'un culte particulier, sous
le nom de *divi* ou saints. Sur une inscription
grecque de Sidon, de l'an 47 avant J.-C., on lit
une dédicace à un « dieu saint » (1). Cette coutume
ne s'introduisit cependant qu'assez tard dans le
nouveau culte. Ce n'est qu'en 880 que le pape
Adrien procéda à la première canonisation, qui
devint la transformation officielle de la tradition
païenne. La canonisation remplaçait l'apothéose.
L'identité était telle que, dans le latin du moyen-
âge, les saints chrétiens continuèrent à être désignés sous l'ancien nom païen de *divi* (2). Pour
compléter l'assimilation, on les représenta la tête
ceinte du disque stellaire, attribut des *divi* païens,
qui ne figurait pas jusque-là dans les images
représentant les apôtres et les martyrs. Dans
l'église des SS. Cosme et Damien, à Rome, des
peintures du vi[e] siècle les représentent privés de
cet attribut. Au moyen-âge, une mosaïque de
saint Clément, à Rome, les figure encore selon le
mode primitif (3).

Le nombre des saints créés par les légendes et
les traditions est incalculable. Au xve siècle, le
chanoine Passau disait, qu'y eut-il autant de fêtes
que de minutes, l'année entière ne suffirait pas
pour les célébrer toutes. Dans l'impossibilité de
faire rentrer une telle foule dans le cadre restreint
du calendrier, on imagina, pour n'en mécontenter
aucun, de consacrer un jour de l'année à la fête

---

(1) *Rev. de l'hist. des relig.* 1890, p. 400.
(2) *Rev. archéolog.* 1891, p. 400.
(3) *Ibid.*, p. 76.

de tous les saints. C'était une sage précaution, dont les Athéniens avaient jadis donné l'exemple, en consacrant un autel aux dieux inconnus, afin d'éviter le ressentiment de quelque divinité vindicative omise par oubli.

Les bollandistes ont essayé d'opérer un classement. Leur œuvre, bien que comprenant le récit de 25,000 vies de saints, classés jour par jour, dans cinquante-trois volumes in-folios, est restée inachevée : elle s'arrête au quatorze octobre. La fertile imagination des rédacteurs n'a pu réussir à dissimuler complétement le caractère apocryphe des miracles qu'ils prêtent si complaisamment à leurs héros. On y voit le même miracle attribué successivement aux personnages les plus divers. Celui des faux morts et des faux aveugles devenus ensuite ce qu'ils avaient voulu contrefaire, se rencontre dans 62 vies de saints ; celui des dragons liés avec des étoles, se renouvelle sept fois ; celui des clefs d'églises et d'objets jetés dans la mer et retrouvés, se reproduit sept fois ; celui d'anneaux d'évêques jetés ou tombés dans des rivières, avalés puis rendus par ces poissons, neuf fois ; les stigmates de saint François, neuf fois ; enfin, le bâton de saint Georges, thaumaturge, fiché en terre et prenant racine, a produit trente arbres à son imitation.

Un certain nombre de saints n'ont d'autre origine que de vieilles légendes égyptiennes et l'imagination des auteurs coptes. Ces récits ont été ensuite admis dans l'Occident et sont devenus des récits historiques, comme la vie du grand saint

Georges que l'Angleterre a accepté pour patron bien qu'il n'ait jamais existé (1).

Il en est de même de saint Josaphah, dont la vie a été copiée sur la légende du Bouddha Cakya-mouni, au début du septième siècle, par un moine grec du couvent de saint Seba, nommé Jean. Le copiste s'est borné à transformer le bouddha en un saint chrétien. Nous possédons l'original sanscrit d'où a été tirée la version : c'est le *Latita-Vistara*, qui existait déjà au troisième siècle avant J.-C. ; les noms sanscrits ont été simplement remplacés par des noms syriaques. Voilà comment Bouddha a l'insigne honneur de figurer dans le martyrologe chrétien, et d'y être vénéré sous le nom de saint Josaphah, à la date du 27 novembre (2).

On sait comment a été fabriquée la légende de sainte Véronique. La tradition rapportait que J.-C. portant sa croix avait rencontré une femme qui lui essuya le visage et que l'empreinte était restée sur le linge. En souvenir de cette légende on représentait la tête du Christ sur un linge

---

(1) *Rev. de l'hist. des relig.* 1888, p. 100. Ces récits ont même subi de pieuses falsifications. M. Amelineau, en publiant les textes primitifs de la *Vie des saints chrétiens de l'Egypte*, a prouvé que les traducteurs « grecs ou latins, avaient trahi la vérité, par d'habiles corrections ; que les hommes qu'ils nous avaient présentés comme des merveilles de grâce, comme des exceptions surnaturelles, avaient fort ressemblé aux autres hommes de leur pays, qu'ils avaient commis des actions qui n'étaient rien moins qu'admirables, et qui, dans d'autres pays auraient passé pour des crimes ou des délits de droit commun. » (*Rev. de l'hist. des relig.* 1895, p. 57.

(2) *Notice sur le livre de Barlaam et Josaphah*, par Zotenberg. Paris. Imp. Nat. 1886. — *Rev. de l'hist. des relig*, 1887, p. 91. — Burnouf. *La science des religions*. p. 198.

tenu par un ange ou par une femme qui symbolisait la religion. Au bas était écrit : *vera iconica*,
c'est-à-dire, en basse latinité, véritable image.
Au moyen âge, des moines ne comprenant pas
ces mots, crurent, en les réunissant y trouver un
nom de femme et inventèrent l'histoire de Véronica
(Sainte Véronique) (1).

Une erreur analogue a donné naissance aux deux
saintes Xynorides, dont l'une, d'après le martyrologe du cardinal Baronius, fut martyrisée à
Antioche. Baronius avait lu dans une homélie de
Saint-Jean Chrysostome, où il est question d'Antioche, le mot grec *Xynoris* qui signifie attelage
par couple. Il avait pris ce mot pour un nom propre, ce qui lui avait suffi pour édifier une biographie aux saintes Xynorides, « l'une, dit-il, dont
parle Saint-Jean Chrysostome dans sa quatrième
homélie sur Lazare, et l'autre, plus jeune, qui
brilla par sa noblesse aussi bien que par l'éclat de
ses vertus, et dont parle Saint Jérôme, dans sa
huitième lettre à Démédriade ». Une bulle de
Grégoire XIII fixa au 24 janvier la fête de sainte
Xynoride (14 janvier 1584). Plus tard, un savant
helléniste découvrit l'erreur et démontra que,
dans les textes invoqués, il ne s'agissait pas de
deux saintes, mais d'un char à deux chevaux. Le
cardinal Baronius ainsi démasqué, fit détruire
l'édition de son martyrologe. Mais il en reste
encore des exemplaires, à la Bibliothèque de Bru-
ges et à celle de Chambéry, dans lesquels, au

---

(1) Thiers, *Traité des superstitions*. — Baillet. *Fêtes mobiles*.

24 janvier, on lit l'édifiante biographie des saintes Xynorides, matyres à Antioche (1).

On pourrait multiplier les exemples de ce genre. Ainsi les mots Eméthère (arriver) et Chalidoine (hirondelle), par lesquels on indiquait le retour des hirondelles au printemps, sont devenus Saint Eméthère et Saint Chilidoine. Le 3 mars, le coucher d'un des poissons du zodiaque était indiqué sur les anciens calendriers par ces mots : *marin*, *astr.* (*marinum astrum*), dont le martyrologe a fait, à la même date, Saint Marin et Saint Aster, martyrs.

L'origine de Notre-Dame des sept douleurs n'est pas moins piquante. La déesse Diane, en Grèce, était représentée, comme l'Istar assyrienne avec un carquois dont les flèches semblaient sortir du dos. Au moyen âge, l'image de Diane fut prise pour la Vierge Marie. Les armes qu'on voyait paraître derrière la figure et comme traversant la poitrine devaient être des glaives, car il est dit dans un texte de l'évangile, « un glaive te traverse l'âme » (Luc II, 35). Ces symboles de douleurs étant au nombre de sept, on en fit les sept principales douleurs de la Vierge Marie. Une fois la légende établie et acclimatée, la Vierge fut représentée la poitrine ouverte et le cœur à nu placé devant la poitrine traversé par sept glaives. Puis, on assigna à cette Notre-Dame un jour de fête. Des sanctuaires furent placés sous son patro-

---

(1) Baron de Ponat. *Histoire des variations et contradictions de l'église romaine.* T. II, p. 143. Paris, 1882. Charpentier, édit.

nage, des publications spéciales, des prières, des images, des scapulaires et des chapelets lui furent consacrés. L'imagination pieuse ne s'arrêta pas en si bon chemin : aux sept douleurs de la Vierge, ci-devant Diane au carquois, on ajouta, par opposition, les sept allégresses de la Vierge, qui furent suivies des sept douleurs et des sept allégresses de Saint Joseph, lesquelles donnèrent lieu au sept dimanches en l'honneur de Saint Joseph, et au cordon de Saint Joseph orné de sept nœuds (1).

Cette transformation d'un symbole sous des personnifications multiples était fréquente dans l'ancien panthéon. Les dieux païens, suivant les bienfaits ou les miracles dont ils avaient gratifié certaines localités, recevaient des noms différents ; dieu de Delphes, de Délos, de Tyr, etc. Ces vocables se rapportaient à une même divinité. Par un phénomène analogue, la Vierge reçut, selon les lieux et les circonstances, des noms divers : Notre-Dame de Chartres, de Sion, de Lourdes, de la Salette, de Charité, de Miséricorde, des Champs, de Compassion, de Bon Conseil, de la Victoire, du Temple, des Anges, du bon Mariage, de la bonne Mort, du suffrage, et même de l'Usine.

Jadis, le culte de Bacchus était en honneur dans un grand nombre de localités qui prétendaient toutes avoir donné naissance au dieu et montraient la grotte où il était né. On vit de même, au moyen âge, plusieurs villes offrir simultané-

---

(1) *Rev. de l'hist. des relig.* 1893, p. 112.

ment en vénération le corps d'un même saint et se disputer l'honneur de localiser sa légende (1).

Le culte des saints offrait surtout l'avantage de faciliter l'incorporation des dieux païens personnifiant les phénomènes naturels et les vertus bienfaisantes des eaux, des plantes ou des minéraux, et, en général, de tous ceux dont il fallait renoncer à éteindre le souvenir. L'opération fut des plus simples.

A l'époque correspondant au mois de janvier, les grecs célébraient des fêtes en l'honneur d'*Hermès* (Mercure) et de *Nican* (le Soleil); ces fêtes sont demeurées dans le calendrier catholique, aux mêmes dates, sous les noms de saint Hermès et saint Nicanor.

En février, Bacchus était adoré sous le nom de *Soter* (Sauveur), et Apollon sous celui d'*Ephoïbios*; ces fêtes ont été maintenues sous les vocables de saint Soter et saint Ephébus.

En avril et en octobre, on célébrait la fête de *Dyonisios* (nom grec de Bacchus), qui était suivie le lendemain d'une fête en l'honneur de *Demetrius*; on les retrouve toutes deux, aux mêmes dates, sous les noms de saint Denys (8 avril), et saint Démétrius (9 avril).

Au 6 mai, la fête de Cérès la blonde *flava* est devenue Sainte Flavie; le 19, celle de la *pudique* Diane, saint Pudent; et le 24, celle du *Palladium* de Minerve, sainte Palladie.

Au mois d'août se célébraient les *Saturnales*;

<hr/>

(1) *Rev. de l'hist. des relig.* 1891, p. 182.

cette fête païenne continua à figurer au 22 août, sous le nom de saint Saturnin. De même, les jeux *Apollinaires* ont donné naissance à sainte Apollinaire, et la fête d'*Aphrodisia* (Vénus) à saint Afrodisius et sainte Aphrodise. Le jour du signe de la *Vierge* (15 août), où Astrée remonte au ciel dans ce signe, est devenu l'assomption de la Vierge.

Au mois d'octobre, on trouve répétées, selon l'usage antique, les fêtes de saint Denys et de saint Démétrius, déjà célébrées au mois d'avril. Les fêtes en l'honneur de *Dyonisios* (Bacchus), regardé avec *Eleuthère*, comme fondateur de la religion et des mystes, étaient appelées *Rustiques*, à cause de l'usage de les célébrer à la campagne. Aussi, au mois d'octobre, on trouve une seconde fête de saint Denys, suivie de celles de saint Eleuthère et de sainte Rustique.

Au 9 décembre, la fête des *Gorgones*, déesses infernales symbolisant les ténèbres les plus longues de l'année, a été remplacée par la fête de sainte Gorgonie.

Bacchus ayant épousé le Zéphir, ou le vent doux, on fêtait la nymphe *Aura Placida*, qui est devenue sainte Aure et sainte Placide.

Une nouvelle fête, consacrée à Bacchus, se célébrait en décembre. On l'appelait *Dyonisie*. Le calendrier ne l'oublie pas : elle figure au 15 décembre, sous le nom de sainte Dyonisie (1).

La formule païenne *rogare et donare* est devenue saint Rogatien et saint Donatien, comme

(1) De même la fête de la Purification de la Vierge a remplacé les Lupercales ou fêtes de Pan.

flor et lux, fleur et lumière, s'est transformée en
sainte Flore et sainte Luce. Le surnom de Jupiter, *Nicéphor*, est devenu saint Nicéphore, et
celui de Junon, *Pélasgie*, sainte Pélasgie. *Athé-
née* (Minerve) a fourni saint Athanase et *Apollon*
saint Apollonius et sainte Apollonie.

Enfin, l'année païenne commençant au mois de
Mars, il était d'usage, pendant la première semaine de ce mois, de souhaiter la bonne année
par cette invariable formule : « *perpetuam felici-
tatem.* » Ces mots, consacrés par l'usage, l'ont
été aussi par le calendrier, qui fête, en même
temps, le 7 Mars, saintes Perpétue et Félicité.
Ces deux saintes n'ont pas seulement pris *corps*
dans le calendrier, mais aussi dans des reliques,
si nombreuses, que, d'après Collin de Plancy, en
rassemblant les ossements qu'elles contiennent on
ne retrouverait pas moins de quatre corps à sainte
Félicité, et cinq corps à sainte Perpétue.

Une opération analogue a substitué à Hélios
(le soleil) saint Hélie, et les temples d'Hélios,
généralement placés sur les pics des montagnes,
sont devenus des chapelles de saint Hélie.

L'espèce canine elle-même, a fourni saint Guinefort, honoré dès le xiii° siècle à Villeneuve de
Dombes (Ain). Ce saint était, de son vivant, un
chien lévrier que son maître tua injustement d'un
coup d'épée. A quelque temps de là, le château
de ce seigneur ayant été détruit, les paysans
virent dans ce fait une punition du ciel, et ils
rendirent au pauvre chien Guinefort des honneurs
divins. Les mères apportaient leurs enfants mala-

des sur son tombeau, et il s'y opérait des guérisons miraculeuses. En vain, le moine Etienne
de Bourbon essaya-t-il de détruire cette superstition en faisant déterrer le corps du lévrier, qui
fut brûlé sur un bûcher, la croyance populaire
n'en fut pas ébranlée. Guinefort, saint et martyr,
est encore aujourd'hui vénéré à Villeneuve de
Dombes, comme patron de la paroisse, où il continue à guérir les maladies des enfants (1).

L'imagination populaire, par un procédé analogue à celui de l'église, a créé, à l'aide de simples consonances, toute une catégorie de saints à
usage domestique : saint Genou, pour le mal de
genou ; saint Marcoul, pour le mal de cou; saint
Mains, pour le mal de mains ; saint Agnan, pour
la teigne ; saint Langueur, pour les maladies de
langueur ; saint Fort, pour fortifier les membres ;
sainte Clair, pour éclaircir la vue ; saint Criard,
pour empêcher les enfants de crier et saint Bou-
dard, pour les empêcher de bouder. Tous ces
saints fantaisistes ont eu ou ont encore des fidèles
selon les localités.

II. — *Culte médical.* — Les dieux guérisseurs
ont fourni un notable contingent au nouveau
Panthéon. Les anciens croyaient à la réalité des
songes. La fonction du sommeil, l'ombre attachée
comme un double à tout corps, leur ont suggéré
l'idée des esprits, de l'âme, et ont donné naissance à l'animisme qui fut le début de la méta-

---

(1) Alfred Raimbaud, *Hist. de la civilisation française.*

physique. Le sommeil provoqué fut une des
importantes découvertes de la médecine antique.
Il était pratiqué dans le temple d'Esculape, un
des sanctuaires les plus fameux et les plus fréquentés de la Grèce. On a découvert récemment,
dans les fouilles d'Epidaure, des inscriptions
nombreuses relatant les guérisons miraculeuses
obtenues par l'intercession du dieu, sous le cou-
vert duquel était appliqué le traitement (1).

Le temple d'Esculape, comme ceux consacrés à
Sérapis, à Minerva medica, à Chalcas, à Podal-
gre fils d'Esculape et à d'autres divinités médicales, avait pour annexe un hôpital où les consultants étaient soumis à un régime spécial. Les
malades y étaient préparés à la guérison par une
sorte d'entraînement déterminé par une diète
sévère de quinze jours, des bains simples ou minéraux, des frictions, des onctions et des fumiga-
tions. Comme complément s'ajoutait la suggestion
provoquée par l'annonce répétée des cures merveilleuses, la musique, l'odeur des fleurs et des par-
fums brûlés. Puis, quand les malades étaient au
point, l'ordre du prêtre commandait le sommeil,
par des gestes solennels, par l'imposition des
mains, et la porte du monde suggestif s'ouvrait.
A ce moment, dit Gallien, le prêtre commandait
comme un général à ses soldats, et les guérisons
étaient fréquentes. C'est ce qui explique les pèle-
rinages nombreux et incessants à ces sanctuaires

(1) *Fouilles d'Epidaure*, par P. Kawadias, Athènes. Vlastos,
édit. 1893.

vénérés. Strabon, décrivant un de ces pèlerina-
ges, au temple de Canope, nous montre, sur une
longueur de 120 stades autour du lieu saint, la
route couverte par une foule bigarrée d'hommes,
de femmes et d'enfants, mangeant, chantant, mar-
chant en cadence, et s'interrompant pour écouter le
récit des guérisons miraculeuses. En un mot, tout
se passait comme de nos jours, et les miracles
n'étaient pas moins abondants, si on en juge par
le grand nombre d'*ex-voto* trouvés dans les fouilles d'Epidaure. Il est vrai que les médecins
aidaient la divinité à ne pas se tromper dans les
consultations suggérées pendant le sommeil des
malades et que celles-ci n'avaient de surnaturel
que l'apparence.

Dans le temple de Minerva medica, à Cobardia-
cum (Italie), parmi les *ex-voto*, on voit deux
oreilles d'argent, offertes à la déesse, par Calli-
dius primus, en reconnaissance de la guérison
des siennes, porte l'inscription (1). Dans un autre
temple de Minerve, à Rome, on a retrouvé un
grand nombre d'*ex-voto* en terre cuite, figurant
diverses parties du corps humain, tête, mains,
pieds, oreilles. L'un d'eux représente une tête de
femme dont les cheveux sont clairsemés ; des tries
qui sillonnent les parties dénudées simulent de
petits cheveux qui commencent à pousser. L'inscription indique que c'est une offrande de Tullia
Superiana à Minerve qui lui a rendu sa chevelure (2). Dans le temple d'Athena Cranaïa, en

---

(1) *Rev. de l'hist. des relig.* 1888, p. 76.
(2) *Ibid.*

Grèce, on a aussi découvert une grande quantité d'*ex-voto*, figurines, bronzes, cônes, fibules et autres offrandes de fidèles guéris par la protection de la déesse. Les chapelles de la déesse Isis, en Egypte, étaient renommées pour les guérisons miraculeuses qui s'y opéraient, et les pèlerins affluaient dans ces sanctuaires vénérés.

Les vieilles croyances aux songes et aux présages survécurent au paganisme. « Pendant le sommeil, dit Tertullien, sont révélés les honneurs qui attendent les hommes ; pendant le sommeil des remèdes sont indiqués, des larcins dévoilés, des trésors découverts » (1). Toute la littérature chrétienne est pleine de récits de songes et d'apparitions. Un trait commun à toutes les apparitions antiques et modernes, c'est l'illusion d'optique qui fait toujours apparaître le personnage objet de la vision, sous une forme gigantesque et environné d'une lumière éclatante. Ce phénomène caractéristique d'illusionisme se rencontre à chaque pas dans la vie des saints et les actes des martyrs (2).

La coutume de dormir dans les temples, pour provoquer des songes à interpréter, était générale dans l'antiquité. L'interprétation était donnée par les Sybilles qui avaient des livres spéciaux, dans lesquels était consignée l'explication de chaque phénomène. Ces livres, transmis d'âge en âge, sont devenus, sous des titres modernes :

---

(1) *Liber de animâ*, Ch. 46.
(2) *Acad. des Inscript.* Séance du 23 août 1889. Note de M. Le Blant sur les songes et les visions des martyrs.

l'Oracle des dames, la Clef des songes, l'Art d'interpréter les songes, etc.

Les païens christianisés continuaient à croire aux oracles des Sybilles. Saint Augustin prétend même que l'une d'elles, la Sybille Erythræa, aurait prédit l'avènement du Christ (1). Ces croyances demeurèrent si vivaces, que les dormeurs consultants affluaient dans les églises, non sans raison, puisque Grégoire de Tours affirme que les nouveaux *divi*, les saints, leur apparaissaient, comme jadis les dieux païens.

La ville d'Egée, en Cilicie, possédait un temple célèbre, dédié à Esculape, où les malades se rendaient la nuit pour obtenir en rêve l'indication des remèdes qui devaient les guérir. Saints Come et Damien étant morts en cette ville, on leur attribua la succession des apparitions médicales d'Esculape. Ils continuèrent à guérir pendant le sommeil, toutes sortes de maladies, et devinrent à leur tour les patrons de la médecine (2).

Au XVIᵉ siècle, on venait encore de fort loin chercher des songes révélateurs dans l'église de saint Antoine de Padoue. Mais la médecine ayant cessé d'être pratiquée dans les temples, cette coutume, qui n'avait plus d'objet, disparut peu à peu. Avec elle fut perdue, pendant des siècles, la

(1) *La cité de Dieu*, L. XVIII, ch. 23. — Dans le *Dies iræ*, le témoignage de la Sybille est joint aux prédictions de David :
Solvet sæclum in favilla
Teste David cum SYBILLA.
(2) Véron. *Hist. nat. des relig.* T. I, p. 88.

pratique du sommeil provoqué par suggestion. Il
n'en est resté trace que dans certains gestes
rituéliques, comme l'imposition des mains, la bénédiction. Elle n'a été retrouvée que tout récemment par la science, qui lui a donné le nom d'hyp-
notisme.

III. — *Les eaux.* — En dehors des temples,
la médecine se servait encore de la religion pour
faire connaître les vertus bienfaisantes de certains
produits naturels, et en propager l'usage. Les
sources, dont les eaux possédaient des propriétés
thérapeutiques, celles qui contenaient des eaux
sulfureuses, ferrugineuses, arséniquées, ammo-
niaquées, etc., étaient placées sous la protection
d'une divinité qui leur donnait leur vertu bienfaisante. A Tivoli (Italie), une source d'eaux sulfureuses, appelées eaux blanches, *aquæ albulæ*,
était personnifiée par la nymphe Albunea, dont on
allait consulter l'oracle. Le même culte se retrouve
dans le polythéisme grec.

Les populations étaient fortement attachées à
ces traditions, surtout dans les campagnes. On
les consacra d'autant plus facilement qu'on avait
déjà introduit dans la lithurgie, l'eau du baptême,
l'eau bénite, les saintes huiles, le vin euchanis-
tique, et diverses eaux lustrales, dont les vertus
purifiantes jouaient un grand rôle dans les religions antiques.

On transforma donc en saints et en saintes les
nymphes et les dieux protecteurs des sources et
des fontaines. A Salins, près de Mauriac, une

fontaine dont l'eau passait pour guérir la teigne, avait été divinisée par les Gaulois. Chaque guérison était suivie de l'offrande de quelque monnaie, déposée dans la fontaine. Cette fontaine druidique est devenue celle de saint Martin (1), et le vieux culte se continue, avec cette différence que les pièces de monnaie, au lieu d'être jetées, comme autrefois, dans la fontaine, sont recueillies directement par le clergé, conformément à la décision du Concile d'Autun (585), qui interdit d'acquitter les vœux dans les fontaines et ordonne d'en verser le montant à l'église pour les pauvres.

M. Le Braz, qui a dressé un catalogue de deux cents saints bretons, a remarqué que chacun d'eux préside à une forme de maladie. « Parmi les deux cents saints que j'ai relevés, dit-il, je n'en ai pas trouvé un seul qui n'eut une spécialité curative. Il n'en est pas non plus qui n'ait sa fontaine sacrée. En réalité, c'est à la fontaine encore bien plus qu'au saint que l'on rend un culte » (2).

Ce que M. Le Braz a constaté pour la Bretagne se reproduit dans le reste de la France, et en étudiant l'histoire de chacune des sources et des fontaines ainsi vénérées, il serait facile de retrouver la divinité païenne dont le saint continue la fonction. Telle madone a directement succédé à un icône agreste du paganisme, lequel, à son tour, n'avait fait qu'hériter des hommages précédemment adressés à la source elle-même.

(1) *La source minérale de Goren,* par M. Boudet, président du Tribunal de Saint-Flour.
(2) *Bull. archéol.,* publié par le Min. de l'Inst. publ. 1893, p. 317.

8

Un phénomène analogue se produisit dans les temples païens transformés en églises, sous le vocable d'un saint qui héritait des attributions de l'ancien Dieu. A Rome, on avait l'habitude de porter les enfants malades au petit temple de Romulus situé au pied du Palatin. Ce temple ayant été remplacé par l'église de Saint Théodore on continua de porter au saint les enfants malades, et pour consacrer cette coutume, tous les jeudis matin une bénédiction spéciale y est encore donnée aux enfants.

IV. — *Les pierres.* — La même méthode fut appliquée au culte des pierres.

C'est un fait aujourd'hui établi que l'histoire du culte chez les Grecs a débuté par la litholâtrie. Avant d'adresser leur culte à des statues représentant les dieux, ils adoraient les pierres dont les formes mystérieuses et géométriques, cylindres, pyramides, cônes, étaient dues à la nature. Ils les croyaient tombés du ciel et envoyées par des dieux (1).

Chez les Hébreux, le culte des pierres était très répandu. Dans nombre de passages de la Bible, il est question des pierres sacrées. Isaïe reproche à Israël d'avoir mis sa confiance dans les pierres des torrents : « Vous avez mis votre confiance dans les pierres des torrents. Vous avez répandu des liqueurs pour les adorer, vous leur avez offert des sacrifices. »

_____

(1) *Rev. de l'hist. des relig.*, 1887, p. 359.

Certains dolmens recevaient des noms en rapport avec le culte dont ils étaient l'objet. Dans la Vienne, plusieurs dolmens étaient appelés pierres solaires ou pierre du soleil. Une pierre branlante de la province de Côme s'appelait *Sasso della luna* (1).

Après avoir vainement tenté de détruire ces superstitions, comme en témoignent de nombreuses décisions des conciles (Arles 452 ; Tours 567 ; Nantes 658 ; Tolède 681), on prit le parti de les englober dans le nouveau culte. On rédigea même, à cet effet, des formules de consécration qui n'étaient que des adaptations de la liturgie païenne. Le cardinal Pitra et Del Sotto en ont publié les textes (2).

Malgré cette transformation, le vieux culte des p'erres sacrées devait se maintenir longtemps encore avec son caractère primitif. Dans certaines régions, comme la vallée de Larboust, dans les Pyrénées, les pierres sacrées sont tellement en honneur que « les habitants s'ameutent pour en empêcher la destruction, et si par hasard on réussit à en détruire une, ses restes, pieusement recueillis, deviennent l'objet de la même vénération » (3). La tradition rapporte même qu'un ouvrier qui avait consenti à façonner une croix pour surmonter une de ces pierres fut frappé de mort subite par le génie du lieu (4).

---

(1) *Rev. archéolog.*, 1893, p. 203.
(2) *Spicilège*, T. III, p. 337 ; *Le Lapidaire* du xivᵉ siècle, p. 127. Vienne, 1882. *Rev. archéolog.*, avril 1890, p. 114.
(3) *Rev. archéolog.*, 1893, p. 336.
(4) *Ibid.*, p. 335.

Les résistances ne furent pas partout aussi tenaces et en général les dolmens, les menhirs et les pierres sacrées, se laissèrent christianiser de bonne grâce. Le procédé, recommandé déjà par Théodose II (1), consistait à y faire planter, graver ou sculpter des croix. En Bretagne, presque tous les monuments mégalithiques ont été ainsi transformés. Dans l'Yonne, sur le sommet des pierres sacrées, le clergé fit placer des croix qu'on y voyait encore à la Révolution (2). Dans le même département, une statue de la Vierge fut posée sur la Pierre qui Vire (3). Dans la Mayenne, une grande croix a été plantée auprès de la pierre dite chaire du diable. Dans un menhir, à Hœdic, on a pratiqué une niche pour une statue de la Vierge (4). En Espagne, la plupart des dolmens ont été métamorphosés en églises ou chapelles (5). A Saint Germain de Vienne (Charente) un dolmen subit le même changement, vers le XII° siècle (6). A Plouaret (Côtes-du-Nord), un grand dolmen est devenu la chapelle des sept saints (7). Au Mans, pour confisquer le culte païen d'un menhir, on n'a trouvé rien de mieux que de le transporter dans la cathédrale (8).

---

(1) *Code théodosien*, X, 23.
(2) *Rev. archéol.* 1893, p. 335.
(3) Salmon *Yonne*, p. 128.
(4) *Rev. archéol.* 1893, p. 335.
(5) *Ibid.*
(6) *Ibid.*
(7) *Ibid.*
(8) Henri Martin, *Études*, p. 163. — C'est par un procédé analogue qu'à Paris, la légende de Saint Denis et de ses compagnons Eleuthère et Rustique (V. suprà, p. 118) a fait changer l'étymologie de Montmartre (mont consacré à Mercure « *Mons Mercurii* », qu'on prononçait d'abord Montmercere, puis Montmarcre) à laquelle on a substitué la fausse étymologie de « *mons martyrum* » mont des martyrs. — Quicherat, *Noms de lieux*, p. 69.

Malgré toutes ces transformations, les vieilles croyances subsistèrent immuables, sous les vocables nouveaux. Ainsi, la vertu thérapeutique attribuée aux pierres percées ou trouées n'a pas encore disparu. A Kerongalet (Finistère) on plonge les membres malades dans une pierre trouée (1). Dans l'Yonne et à Draché (Indre-et-Loire), un menhir ou pierre percée remplit le même office (fig. 85). A Fouvent-le-Bas (Doubs), on insinue les nouveaux nés à travers une pierre percée; en Eure-et-Loire, on les fait passer à travers la dalle trouée d'un dolmen (2). Dans les Landes, il y a des églises où sont pratiquées, entre les piliers de certaines chapelles, des ouvertures à travers lesquelles les mères font passer leurs en-

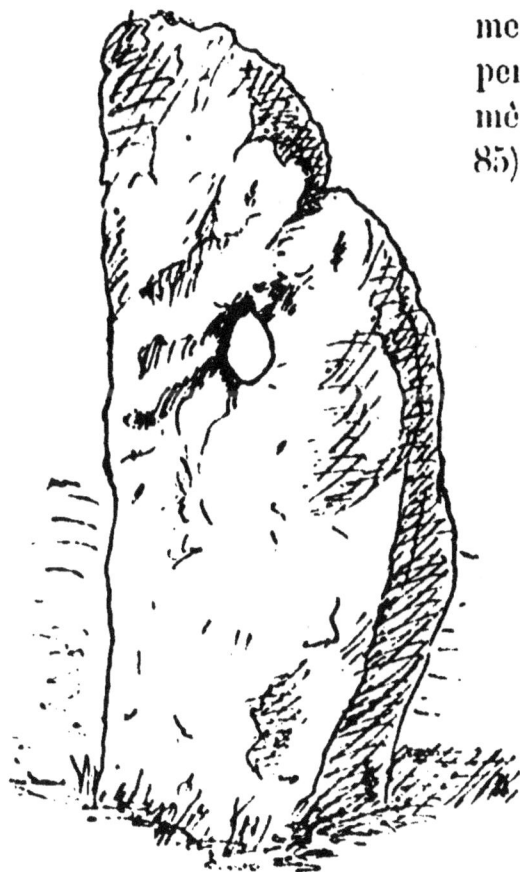

85. — Menhir de Draché.

_____

(1) *Rev. archéol.* 1893, p. 339.
(2) *Ibid.*

fants (1). Dans l'église de Quimperlé, on voit
une pierre percée d'un trou circulaire à travers
laquelle on passait pour guérir de la céphala-
gie (2). C'est une croyance analogue qui attribue
la vertu d'un talisman aux pièces de monnaie percées dont les joueurs ont encore l'habitude de se
munir.

A défaut de trou, il suffit de passer entre une
pierre sacrée et le sol. A Ymare (Seine-Inférieure),
on se glisse sous un dolmen pour guérir du mal
de reins ; à Cressac (Creuse), les femmes passent
sous le dolmen pour avoir des enfants (3). A
Ardenne (Belgique), les malades se traînent sous
une pierre tombale de sainte Begge, pour guérir
de la colique ; à Modène, ceux qui souffrent des
jambes se glissent sous le tombeau de saint
Gimignano. Dans le Finistère, les pèlerins se
traînent à genoux sous des tables de pierres
portant des reliques ; à Quimperlé, on se traîne
de la même façon sous la tombe de saint Gur-
loes (4). A Saint-Josse (Pas-de-Calais), à la fête
du saint local, protecteur d'une fontaine, on voit
des bandes de paysans se disputer pour passer
à plat ventre sous la châsse contenant les reliques
du saint.

Une des plus curieuses légendes, auxquelles ait
donné lieu la croyance à la vertu miraculeuse des
pierres est celle du lait de la sainte Vierge. Plus

(1) Rev. arch. 1893, p. 339.
(2) Ibid.
(3) Rev. archéolog., p. 340.
(4) Ibid.

de soixante-neuf églises possèdent, en reliques, ce précieux liquide (1). On en trouve à Naples, dans l'église Saint-Louis ; à Padoue, dans l'église Saint-Antoine ; à Rome, dans les églises Saint-Nicolas, Sainte-Marie du peuple et Saint-Alexis ; à Venise, dans l'église Saint-Marc ; à Paris, dans la Sainte Chapelle ; à Reims, à Aix, à Toulon, à Gênes, à Berre, à Chelles. « Il n'est si petite villette, disait Calvin, ni si méchant couvent, soit de moines, soit de nonnains, où l'on ne montre du lait de la sainte Vierge, les uns plus, les autres moins. Tant il y a que si la Vierge eut été une vache, ou qu'elle eut été nourrice toute sa vie, à grand peine en eut-elle pu rendre une aussi grande quantité » (2). A Nantes, la relique a reçu le nom de Notre-Dame-de-Créé-lait, parce qu'elle en procure aux mères qui en manquent. Il en est de même à Sainte-Radegonde de Pommiers (Deux-Sèvres). Le lait qui se trouve dans l'église de Chartres a été donné par la Vierge elle-même à saint Fulbert, atteint d'une esquimancie et d'une ophtalmie. Pour les autres reliques, une légende du xve siècle en explique ainsi la provenance : « Dans la grotte de Bethléem, le Christ cracha du lait, et la Très-Pure l'ayant essuyé le rejeta sur la muraille, et jusqu'à ce jour les chrétiens prennent cette poudre laiteuse comme une bénédiction. » Pendant les croisades, les Templiers avaient tiré des sommes considérables de

(1) *Rev. de l'art chrétien.* 1888, p. 485.
(2) *Traité des reliques.*

la, vente aux croisés de petites bouteilles contenant du lait de la sainte Vierge (1). Le culte du lait divin a été consacré par une lithurgie spéciale, comprenant des antiennes et des oraisons, qu'on trouve insérées en entier dans un manuscrit de la bibliothèque de Toulouse (2).

Or, cette poudre laiteuse n'est autre chose que de la galactite écrasée. Les propriétés astringentes de cette espèce de craie (azotate de chaux), qu'on trouve à la voûte des cavernes, et qui n'est plus guère employée aujourd'hui que par les tailleurs, l'avaient fait considérer, dès la plus haute antiquité, comme une pierre sacrée. Boetius, dans son *Histoire des pierres précieuses*, écrivait, en 1647 : « La galactite rend un liquide comme du lait, et elle est douce. Les Allemands l'appellent : « Lait de la lune, *Mon Milch*. » Mêlée à l'eau, elle lui donne l'apparence du lait ; on en vend à Lucerne dans les pharmacies. Les médecins s'en servent pour sécher les ulcères ; il y en a qui en donnent aux nourrices pour augmenter leur lait. »

Longtemps auparavant, Pline avait signalé les propriétés de cette pierre : « La galactite vient du Nil. Lorsqu'on la brise elle rend un suc qui a la couleur du lait. On dit qu'elle donne du lait aux nourrices qui allaitent. »

Ses vertus étaient connues déjà du temps d'Orphée, qui les célèbre, en ces termes, dans son

---

(1) *Les conflits de la science et de la religion*, p. 195.
(2) MM. 145, fol. 218.

Lapidaire : « Je t'offre une pierre également favorable à ceux qui adressent leurs prières aux dieux ; elle est pleine d'un lait divin... On a pensé qu'il fallait appeler cette pierre galactite, parce que si on la brise, il coule à l'intérieur une moelle blanche semblable à du lait.

« Quand tu verras les mamelles de tes brebis diminuées et pendantes, que feras-tu, cher enfant ?... Offre à la jeune mère une douce boisson qui sera mêlée à la galactite, afin qu'elle reporte à son berceau son jeune enfant nourri des trésors de son sein. »

Enfin, pour retrouver l'origine de cette vénération superstitieuse, il faut remonter jusqu'à l'ancienne Egypte, où la galactite était considérée, rapporte Damigeron, comme ayant le pouvoir « d'augmenter le lait des femmes qui en manquent » (1).

Telle est l'histoire de la fameuse « poudre laiteuse » qui, sous le nom de lait de la sainte Vierge, est offerte, en reliques, à la piété des fidèles. Son identité avec la galactite a été si manifestement établie, qu'un évêque, Mgr Barbier de Montault, a dû reconnaitre lui-même, que « ce n'est en réalité qu'une pierre qu'on vénère sous le nom de lait de la Vierge » (2). Il ne trouve d'autre explication, pour excuser la supercherie, que de supposer que des pèlerins ayant trouvé cette craie blanche dans la grotte de Bethléem l'auront

(1) *Revue archéolog*. 1890, p. 103 et suiv.
(2) *Rev. de l'art chrétien*, 1888, p. 485.

baptisée du nom de lait de la sainte Vierge. Avec
ou sans l'explication on n'en saisit pas moins le
procédé employé pour créer les légendes pieuses,
dont le lait de la Vierge peut-être considéré comme
le type.

V. — *Les pas*. — Le culte des pierres conduit
à celui des pas. La croyance que les cavités des
pierres sacrées ne sont autre chose que l'empreinte
des pieds des divinités, ou de leurs montures, remonte à l'antiquité. Les anciens révéraient ainsi
les pas d'Héraclès; la station dite *Calceus Her-
cules*, dans l'Afrique du Nord, témoigne du souvenir de cette superstition (1). A Presles, on montre les pas du cheval de Gargantua. A Ceylan,
on signale aux touristes l'empreinte des pieds de
Goutama, que les Civaïstes rapportent à Civa,
les Vichnoutistes à Rama, les Musulmans à Ali,
et les Chrétiens à Adam ou à saint Thomas. Ici
encore on retrouve le mode d'adaptation, par changement de noms, nécessité par la survivance
des superstitions.

Le culte des pas a survécu par une simple
transformation de vocable. Dans le Forez, ce
sera l'empreinte des pas de la Sainte-Vierge;
ailleurs, l'empreinte des pieds du diable, de l'archan-
ge Saint Michel, ou de la mule du diable, comme
dans la Corrèze (2). Dans une église du Poitou,
une pierre consacrée à Sainte Radegonde porte
l'empreinte du pied de Jésus-Christ. Ce pied divin

(1) *Rev. archéolog.* 1893, p. 225.
(2) *Ibid.*

se trouve aussi à Rome, dans l'église Saint-Laurent, ainsi qu'à Arles et à Soissons (1). Saint Martin a dû beaucoup voyager, si on en juge par la quantité de petites cavités qui ont reçu le nom de pas de Saint Martin. Dans la Creuse, on trouve à la fois les empreintes du cheval, du mulet, de la mule, de l'âne et même des roues du char de Saint Martin. Grégoire de Tours rapporte que de son temps ces saintes marques étaient déjà vénérées. A Brèches (Indre-et-Loire), un menhir appelé pierre Saint Martin, reçoit depuis des siècles, dans un creux pratiqué à sa partie supérieure, des offrandes en monnaies, affectées jadis au génie du lieu, et aujourd'hui au saint. Dans le Poitou, on montre l'empreinte de la jument de Saint Jouin, ailleurs celle du cheval de Saint Julien et celle des genoux de la mule de Sainte Hélène. A la Salette, on expose à la vénération des pèlerins la pierre sur laquelle la Vierge s'est assise lors de son apparition (2) A Marseille on montre la trace des genoux de Sainte Marthe et de Saint Lazare, sur un ban de l'église Saint-Victor; à La Louvèche (Ardèche), c'est le genou de Saint François-Régis. A Bertigny (Pyrénées-Orientales) une pierre sacrée porte l'empreinte du pas de Dieu! Ce n'est pas la seule : à Soynes (Yonne), un menhir, aujourd'hui surmonté d'une croix, s'appelle aussi le pas de Dieu.

VI. — *Le Phallus*. — Au culte des pierres se

---

(1) Calvin. *Traité des reliques.*
(2) *Annales de N.-D. de la Salette.* Août 1866.

rattache le culte phalique. Malgré la déconsidération que l'église jeta sur le fonctionnement génital, comme en général sur les soins hygiéniques relatifs au corps humain, sous l'influence d'un mysticisme exalté et d'une récréation excessive contre le naturalisme des anciens cultes, elle dut composer avec la vénération dont les anciens entouraient l'œuvre mystérieuse de la génération (1). Ce culte, par son caractère, correspondait, comme celui du soleil, à l'idée de conservation de l'espèce humaine. On en trouve la trace chez tous les peuples de l'antiquité (2).

La divinité qui présidait à la génération et que les romains symbolisaient par le phallus, ne pouvait à raison de sa fonction essentiellement utile être réléguée aux enfers. Le bon sens populaire

_____

(1) Au lieu de favoriser et d'enseigner les pratiques hygiéniques, l'Eglise les a, au contraire, combattues avec énergie. A la fin du ii° siècle, saint Clément d'Alexandrie ne permettait qu'aux femmes l'usage des bains, qu'il appelait une impudente volupté pour les hommes (Barbeyrac. *Traité de la morale des pères*, ch. X, § 23, Amsterdam, 1728). Saint Athanase enseigne qu'il est défendu aux vierges qui ont pris J.-C. pour époux de se laver autre chose que les pieds, les mains et la figure, à condition de n'employer qu'une seule main à la toilette du visage. (*De virginitate*. Opera, t. II, p. 116). Saint Jérôme cite, comme modèle, saint Hilarion, qui conserva toute sa vie le même cilice. Ce fut une règle des couvents. En 395, dans la haute Thébaïde, un couvent de cent religieuses ne se lavaient jamais les pieds. Elles n'avaient pour vêtement qu'un cilice qu'elles gardaient jour et nuit, jusqu'à ce qu'il tombât en pourriture (Fleury, *Hist. ecclés.*, t. V, liv. XX, ch. IX). D'où les pestes, les épidémies et les maladies à l'état endémique, qui ravageaient si fréquemment le monde et décimèrent les populations du moyen âge. A la honte de l'humanité civilisée, on a pu voir, en plein xix° siècle, canoniser le pouilleux et immonde Benoit Labre.

(2) A l'entrée du Temple de Tyr, on voyait deux phallus de trois toises de haut. Hiram planta devant le temple de Jérusalem, deux emblèmes analogues, portant chacun un chapiteau en forme de grenadier et couverts de fleurs de lys, emblème de Cléis. (Rois II, ch. VII, p. 15 à 22.)

eut refusé d'accepter une telle décision contraire
aux instincts primordiaux de l'humanité. On se
résigna donc à consacrer le culte phallique en
canonisant le divin Phallus, sous les désignations
transparentes de saint Phal, saint Phallien, saint
Phallier, sous le vocable relativement pudique de
saint Génitour et sous les noms plus naturalistes
de saint Fouti, saint Foutin, sainte Foutine. Ce
n'est pas un simple rapport de consonance. L'expression, par saint Foutin, devint même un juron
populaire, qu'on trouve dans Rabelais avec son
sens grivois (1). saint Foutin passe encore, à
Varages (Var). pour féconder les femmes et guérir les maladies secrètes. On le retrouve à Poli-
gny (Jura), à Veurdre (Allier), à Auxerre (Yonne),
avec la même réputation. A Viviers, il s'appelle
saint Foutin de Cruas. A Gironet, près Sampi-
gny, une statue de saint Foutin passait pour
rendre les femmes fécondes. A peu de distance,
sur une montagne, se trouvait la statue de sainte
Lucie, avatar de la déesse Lucine, qui présidait
aux accouchements, et dont elle a hérité les attributions. Anne d'Autriche, femme de Louis XIII,
y alla en pélérinage (2). A Embrun, en 1585, les
protestants détruisirent le phallus de saint Foutin
qui figurait parmi les reliques de l'église ; ils
avaient fait subir le même sort, en 1562, à celui
qui se trouvait dans l'église Saint-Eutrope, à
Orange. Pour terminer la liste des saints d'ori-

(1) *Gargantua*, Ch. XVII.
(2) Dulaure. *Hist. des différ. cultes. Loc. cit.*

9

gine phallique, il faut ajouter saint Gengoult, saint Guignolet et saint Greluchon, dont la notoriété spéciale n'est pas encore éteinte.

Le culte phallique a subsisté sous les formes les plus diverses. Dans le Finistère, le menhir de Plouarzel porte sur deux faces, à une hauteur d'un mètre, une ronde bosse ayant la forme d'une mamelle. Les nouveaux mariés vont à ce menhir se frotter contre les bosses afin de rendre leur mariage fécond. M. Lenormand rapporte qu'on vendait à Rouen, vers 1852, sous le nom de gargans, de petites figures priapiques que les jeunes filles mettaient dans leur corsage pour trouver plus facilement un mari. Les sculptures du portail et des stalles de certaines cathédrales portent encore des traces évidentes de ce culte. Un ciboire de la sacristie de Saint-Ouen de Rouen offre des médailles antiques représentant des priapées.

VII. — *Les reliques.* — Le culte des reliques, qui se rattache intimement à celui des saints, est une des survivances du fétichisme primitif. Il a été favorisé et développé à l'excès par la caste sacerdotale, qui a été entraînée dans cette voie régressive par les profits énormes qu'elle en tirait. L'histoire du moyen âge offre maints exemples de querelles entre couvents et églises, se disputant la possession d'une relique de bon rapport. Un sentiment étranger au besoin cultuel et même à la religion, a fait donner à ces pratiques superstitieuses un développement inouï. On connaît le mot de l'abbé de Marolles, baisant dans la cathédrale d'Amiens, la tête de saint Jean-Baptiste et s'écriant : « Dieu soit loué, c'est la cinquième ou sixième que j'ai baisée dans ma vie. »

M. Ludovic Lalanne a publié un relevé des reliques répandues dans la catholicité, qui montre à quel degré d'aberration on arriva (1). Il en résulte qu'avec l'ensemble de leurs reliques on peut reconstituer : à saint André, 5 corps, 6 têtes et 17 bras, jambes et mains ; à sainte Anne, 2 corps, 8 têtes et 6 bras ; à saint Antoine, 4 corps et 1 tête ; à sainte Barbe, 3 corps et 2 têtes ; à saint Basile, 4 corps et 5 têtes ; à saint Blaise, 1 corps et 5 têtes ; à saint Clément, 3 corps et 5 têtes ; à saint Éloi, 2 corps et 3 têtes ; à saint Étienne, 4 corps et 8 têtes ; à saint Georges, 30 corps ; à sainte Hélène, 4 corps et 5 têtes ; à saint Hilaire, 8 corps ; à saint Jean-Baptiste, 10 têtes ; à sainte Julienne, 20 corps et 26 têtes ; à saint Léger, 5 corps, 10 têtes et 12 mains ; à saint Pancrace, 30 corps ; à saint Luc, 8 corps et 9 têtes ; à saint Philippe, 3 corps, 18 têtes et 12 bras ; à saint Sébastien, 4 corps, 5 têtes et 13 bras, etc.

Si invraisemblable que paraisse, au premier abord, cette étrange énumération, sa sincérité et son exactitude sont loin d'être contredites par les inventaires du mobilier de certaines églises.

M. l'abbé Deregnaucourt, dans son histoire du *Clergé du diocèse d'Arras*, affirme que l'abbaye

---

(1) *Curiosités des traditions.*

de Flines possédait dans ses reliquaires : un morceau de la vraie Croix, des cheveux de la T.-S. Vierge, des parcelles notables du saint Suaire, des parcelles du vêtement de N.-S. J.-C., de la sainte Eponge, de la sainte Lance, une épine de la sainte Couronne, une goutte du précieux sang, le vaisseau de la Madeleine, une partie du chef de saint Clément, une côte de saint Nicolas, et un doigt de saint Hubert (I, 161).

A Aire, une église non moins riche exhibait, outre les ossements d'une quantité de saints et de saintes, des onze apôtres, des dix mille martyrs et des saints innocents, trois morceaux de la vraie Croix, une épine de la Couronne, une goutte de sang du miracle, une dent de sainte Austreberthe, une dent de saint Pierre, le bras de saint Adrien, la jambe de saint Victor, le crâne de saint Jean-Baptiste.

La collection de la chapelle du Marché, à Saint-Omer, encore plus surprenante, comprenait, d'après un vieil inventaire publié par M. Vallet de Mirille (1) :

Un morceau de la vraie Croix et de la Lance ;

Des morceaux de la manne qui tomba du ciel (*de manná quæ de cælo pluit*) ;

Un fragment du sépulcre de Jésus-Christ et de la robe de sainte Marguerite ;

Un morceau de la pierre sur laquelle Dieu a écrit avec son doigt (*digito suo*) la loi de Moïse ;

---

(1) *Catalogue des archives de Notre-Dame*, par Vallet de Mirille. (Mém. de la Soc. des antiq. de la Morinie. T. VI. p. XL.)

Un morceau de la pierre sur laquelle Jacob traversa la mer ;

Une goutte de la sueur de Jésus-Christ (*sudario domini*) ;

Un morceau de la verge d'Aaron et de l'autel sur lequel saint Pierre chanta ;

Des cheveux de la sainte Vierge (*de capillis beatæ Mariæ*) ;

Un morceau de la robe de la sainte Vierge ;

Un morceau de la fleur que la sainte Vierge présenta à son fils (*de flore quem beata virgo tenuit ante filium*) ;

Un morceau de la fenêtre par laquelle l'ange Gabriel entra pour saluer la sainte Vierge (*de fenestra per quem Gabrielus angelus intravit salutans beatam Virginem Mariam*).

Plus miraculeuse encore était la relique d'un monastère de Jérusalem, qui contenait un doigt du Saint-Esprit (1).

On peut juger, par ces exemples, de la prodigieuse quantité de reliques, d'une authenticité pour le moins suspecte, offertes à la crédulité publique.

Presque tous les personnages de l'Olympe catholique ont été mis à contribution pour former ce vaste contingent. Les reliques considérées comme les plus précieuses sont naturellement celles qui concernent la personne de Jésus-Christ. Elles sont aussi nombreuses que variées. Sa tunique se trouve à la fois à Moscou, à Trèves,

---

(1) Draper. *Les conflits de la science et de la religion*, p. 195.

à Argenteuil et à Rome, dans les églises de saint
Jean de Latran et de sainte Martinelle. Ses
larmes, son sang, sa sueur, son nombril et même
son prépuce (1), ont fourni une abondante mois-
son ; la sainte Lance se trouve à Nuremberg, à
l'abbaye de Montdieu, à l'abbaye de la Tenaille,
en Saintonge, à . La Selve, à la sainte Chapelle
de Paris, à Moscou et ailleurs ; les clous de la
Croix se sont tellement multipliés que Dulaure en
comptait une quarantaine, et Collin de Plancy plus
de deux cents ; il en est de même de la couronne
d'épines, de l'éponge et des autres accessoires du
crucifiement ; quant au bois de la croix retrouvé
miraculeusement, il s'est multiplié en tant de
morceaux que Calvin disait qu'en les réunissant
on pourrait en faire le chargement d'un navire.
En 1489, la Faculté de théologie de Paris décida
qu'on devait à la croix de Jésus-Christ le même
genre d'adoration qu'à Jésus-Christ lui-même,
c'est-à-dire le culte de latrie (2).

Ce culte de la croix présente un caractère fétichique si accentué, qu'à Rome, le crucifix en
bronze de l'église Saint-Joseph a la bouche et le
menton usés par les baisements des fidèles, de
même que la statue de la Vierge, à Saint-Augus-
tin, le pied de saint Pierre, en bronze, à Saint-
Pierre, et le pied du Christ à l'église *Quo vadis
Domine.*

---

(1) Une église de Chalons possédait le nombril de J.-C. Son
prépuce se trouve à la fois dans sept églises : à Colombs (Eure-
et-Loir), à Puy-en-Velay, à Poitiers, à Metz, à Rome, à Anvers
et à Holdesheim en Saxe.
(2) Dupin. *Hist. des controverses,* ch. VIII.

Le culte des reliques, après avoir eu, à l'origine, une certaine utilité en contribuant à limiter, à tempérer et à canaliser les innombrables et grossières superstitions du moyen âge, a été peu à peu détourné de son but primitif pour devenir une source d'exploitation monastique. La Réforme porta le premier coup de hache dans la forêt de ces superstitions ; la Révolution continua cette œuvre d'épuration, par des mesures qu'un écrivain chrétien apprécie en ces termes: « Aucune chose ne peut vivre sans les conditions de son existence ; et c'est une dérision amère que d'accuser le vent de la tempête d'avoir jeté à terre l'arbre mutilé qui n'avait ni racine ni feuillage... Prenons-y garde, lorsque l'Assemblée constituante rendit son décret célèbre, le 13 février 1790, qui détruisait de fond en comble l'édifice monastique, elle ne faisait guère que proclamer une ruine déjà accomplie et promulguer un décret de la Providence ». (1).

(1) P. Lorain. *Hist. de l'abbaye de Cluni.* p. 265.

CHAPITRE VII

LA SCIENCE

La religion a été la première forme de la science. Son apparition correspond à une des phases de l'évolution humaine succédant à l'animisme des sauvages et au fétichisme primitif. Sous le voile allégorique des mythes se cache l'explication des grands phénomènes de la nature. Les premiers prêtres étaient des savants, des philosophes, qui ont initié leurs contemporains, à l'aide de rites et de cérémonies symboliques, aux premières notions d'astronomie, de météorologie et aux pratiques médicales substituées à l'empirisme grossier et charlatanesque des sorciers et des féticheurs. Ils ont détourné, au profit de la science, les gestes et les prières par lesquels les premiers humains croyaient naïvement plaire aux puissances mystérieuses de la nature et mériter leurs faveurs. Cette croyance à la vertu de certaines formules et cérémonies s'est perpétuée sous la forme d'actes propitiatoires et de sacrements, comme le Baptême, l'Ordination, la Communion, l'Extrême-Onction.

C'est par ces procédés que la religion a pu exercer, pendant l'enfance de l'humanité, une action éminement bienfaisante. Elle était alors le principal organe du progrès et sans elle l'humanité serait encore plongée dans la barbarie.

Mais tout organe, dont la fonction devient inutile, s'atrophie et finit par disparaître (1). Cette loi biologique s'applique, dans l'organisme social, aux religions ou plutôt à la religion, car elles sont toutes dérivées d'une même source, et se succèdent les unes aux autres, par une série de transformations analogues aux métamorphoses d'un insecte. Quand une religion, ayant cessé d'être en harmonie avec l'état mental d'un peuple, est devenue incapable de procéder à sa vie, elle est éliminée et remplacée par une autre. En réalité, ce n'est qu'une nouvelle forme mieux appropriée aux besoins intellectuels et sociaux.

---

(1) C'est ainsi que notre corps porte encore les vestiges d'un certain nombre d'organes deven inutiles, véritables résidus de la longue série des transformations ancestrales.

Qu'est-ce que le système pileux, qui reparaît en entier en cas de pilosisme, sinon les restes d'un vêtement naturel, analogue à celui des animaux. Qu'est-ce que la glande pinéale cachée dans l'encéphale, sinon l'organe atrophié de l'œil médian qui existe encore chez certains animaux, et dont les cyclopes ont consacré le souvenir. A quoi servaient jadis certains muscles de l'oreille, aujourd'hui atrophiés, sinon à remuer cet organe et à le diriger comme font les mammifères à l'état sauvage. Que sont les mamelles rudimentaires de l'homme, sinon des survivances de l'hermaphrodisme primitif. Qu'est-ce que l'appendice charnu, continuant parfois la direction du sacrum sur une longueur de 10 à 12 centimètres, et toujours représenté par les deux première vertèbres sacrées et par le coccyx, sinon les vestiges de l'appendice caudal, disparu également chez quelques simiens.

Enfin, la science a établi que l'embryon humain, pendant la vie utérine, reproduit toutes les phases des transformations successives des séries animales antérieures. (V. *Les organes vestigiaires* par Machoudeau. — *Rev. de l'École d'anthropologie*, déc. 1892).

Ce changement ne s'opère pas sans une longue résistance. L'évolution mentale de la masse est si lente et la force de la routine si puissante que les religions continuent à subsister bien long-temps après que leur incompatibilité est devenue manifeste. Semblables à ce roi d'Espagne qu'on voyait encore assis sur son trône un mois après sa mort, les religions devenues caduques dissimulent sous les splendeurs factices d'une pompe extérieure les ravages de la décomposition qui, au dedans, les mine et les désagrège. Elles ressemblent, dit Michelet, à ces vieux arbres qui n'ont plus que l'écorce. Elles ne laissent pas de végéter et de couvrir au loin le sol d'une ombre noire, jusqu'à ce que le bûcheron ou la foudre les attaque. Alors ce n'est plus que poussière.

Le monothéisme, qui est le terme ultime de ces diverses transformations, se manifesta, à la fin du paganisme, par la fusion de toutes les divini-tés en un seul Dieu, maître et seigneur. Les fon-dateurs du christianisme voulurent faire prévaloir cette conception supérieure, mais leur tentative alors prématurée échoua contre la résistance pos-thume des dieux de l'Olympe. La conception mo-nothéiste fut reprise, plus tard, par l'islamisme qui la fixa dans la formule célèbre : Dieu est Dieu (1);

(1) Le mahométisme a puissamment contribué au développement des sciences et des arts. On sait quel vif éclat a jeté la civilisation arabe dans les temps sombres du moyen-âge. L'illustre khalife Al-Mamoun disait : « Ils sont élus de Dieu, ses meilleurs et ses plus utiles serviteurs, ceux qui consacrent leur vie au développe-ment de leurs facultés naturelles ; ceux qui enseignent la science et la sagesse sont les luminaires et les législateurs du monde, lequel retomberait, sans leur secours, dans l'ignorance et la bar-barie. »

puis, par le protestantisme, qui rétablit définitivement la véritable tradition évangélique.

Amenée, par l'origine védique de sa doctrine, à copier et à imiter le Bouddhisme, l'Eglise romaine lui a emprunté trois éléments anti-sociaux, trois germes de mort, la hiérarchie sacerdotale, le célibat et les congrégations (1). Le bouddhisme, qui avait été, à l'origine, une énergique réaction contre le ritualisme hindou et qui avait commencé par prêcher l'égalité et l'affranchissement, s'est ensuite transformé, en Chine, au Japon et au Thibet, par l'organisation d'un clergé hiérarchisé et le développement pléthorique des congrégations, en une aristocratie théocratique, avide de pouvoir et de richesses, vivant en parasite aux dépens des peuples qu'elle a immobilisés et anémiés.

Les Thibétains, dit M. Elysée Reclus, sont un des peuples les mieux doués de la terre. Ils sont forts, courageux, gais, aimant la musique et le chant, pleins de douceur, d'humanité et de franchise. Mais ils manquent tout à fait d'esprit d'initiative. Aveuglement soumis à la domination de leurs prêtres, ils se laissent mener comme un

---

(1) Le culte, dans les religions sacerdotales, retourne au fétichisme et se transforme petit à petit en industrie sacrée. Le besoin de vivre et de bien vivre, et surtout aux dépens des autres, voilà le mobile et le but de l'industrie religieuse.

« Si toutes les religions ont été utiles aux hommes pour les aider à passer de l'état sauvage à l'état barbare, toutes, dans l'état civilisé, du moment où elles sont devenues une industrie ou un métier, ont été funestes à l'humanité.

« Le but du sacerdoce est d'arriver à la domination, aux honneurs et à la richesse, ces trois grands objets de la convoitise humaine... Avilir l'homme, tel est le principe du sacerdoce, le tenir tremblant sous le joug, tel est son but. » Réthoré. *Science des religions.* Paris, 1891. Pedone, édit.

troupeau. Ce que disent les Lamas est loi pour
eux. Ils redoutent tout changement, tout progrès,
craignant toujours qu'il ait pour but de détruire
leur religion. C'est l'organisation sociale d'une
ruche. Cet immobilisme fatal est devenu pour eux
un idéal de félicité.

Le christianisme, à l'origine, fut aussi une réaction contre le judaïsme. Il commença par prêcher
l'égalité, l'affranchissement, et même des doctrines communistes et anarchistes, qui, dans le
désordre d'une société en décomposition, lui per-
mirent de grouper la foule des mécontents et des
miséreux. En même temps que cette propagande
contre l'ordre social gagnait à la nouvelle secte
une certaine clientèle, elle lui attirait des répres-
sions légales, dont elle devait, il est vrai, prendre plus tard une terrible revanche contre les
hérétiques et les dissidents. Cette situation pré-
caire changea tout-à-coup avec Constantin. L'E-
glise, officiellement substituée au paganisme, et
rayonnant sur toute l'étendue de l'empire romain
compléta son organisation par la constitution
d'une caste sacerdotale modelée sur le bouddhisme (1). Sa doctrine primitive dut aussi se mo-

_____

(1) Ce qu'on appelle quelquefois l'établissement et le triomphe
de l'Eglise, n'est rien autre chose que la formation et l'établissement
d'une hiérarchie sacerdotale qui, à l'aide du pouvoir spirituel, s'est
emparé petit à petit du pouvoir civil et politique. C'est, en réalité,
le triomphe de la caste sacerdotale.

« Les prêtres chrétiens ont vaincu les prêtres d'Isis et de Mithra,
parce que ceux-ci, avec leur éducation purement orientale, com-
prirent fort peu de choses à la civilisation de l'occident, tandis
que ceux-là, grecs ou latins, purent agir directement sur ceux
qu'ils voulaient convertir, et surent accommoder au génie gréco-
romain les doctrines et les cérémonies qu'ils empruntaient à leurs
rivaux. » Réthoré, *Science des religions*.

difier pour s'adapter aux milieux ignorants et
grossiers qu'elle avait envahis. Pour asseoir son
influence et son autorité, le clergé s'assimila les
rites et les symboles du paganisme. Il en arriva
à agréger tout le panthéon païen, à reproduire
même les images et les statues des divinités, à
consacrer le culte des eaux, des pierres, des pas
et la plupart des superstitions et pratiques féti-
chiques auxquelles les populations étaient attachées (1).

En vain, des protestations courageuses s'éle-
vèrent, au sein même des conciles, contre ces
imprudentes concessions et cette restauration
dangereuse de superstitions agonisantes. Ces
protestations restèrent sans écho. Pendant des
siècles les flammes des bûchers étouffèrent les
voix dissidentes qui évoquaient la véritable tradition évangélique. Cette lutte héroïque d'une
minorité d'élite, toujours écrasée et toujours
renaissante, se continuait à travers les répres-
sions sanglantes et impitoyables, lorsque la su-
perbe envolée de la Renaissance vint favoriser un
audacieux et suprême effort de restauration chrétienne. Deux nouveaux apôtres, Luther et Calvin

_____

(1) L'Église romaine a uni le rituel de la Perse et de l'Egypte à
la Trinité des brahmanes et à la morale des bouddhistes. Elle
est le produit de tous les vieux systèmes religieux de l'Asie. A des
éléments brahmaniques, éraniens, égyptiens, phéniciens et juifs, a
été ajoutée la doctrine de l'amour du prochain, empruntée au
bouddhisme. « Ce fut une absorption syncrétique d'éléments pris
dans toutes les religions existantes, et une reproduction éclecti-
que de tout ce qui était le plus capable de frapper l'imagination
et de troubler le cœur, ainsi que de tout ce qui était le mieux
approprié aux besoins et à l'esprit du temps. » Réthoré. *Science
des religions.*

avec une autorité, un éclat et un retentissement
incomparables, fulminèrent contre les superstitions
qui travestissaient la religion du Christ et prê-
chèrent le retour aux saines doctrines de l'évangile.

Cet appel éloquent détermina une véritable
explosion de la conscience arienne. La Réforme
put reconstituer le christianisme primitif en le
débarrassant des éléments étrangers qui le défi-
guraient et l'étouffaient. Avec le protestantisme
disparaissent la hiérarchie sacerdotale, le célibat
des prêtres (1), les congrégations. Le sacerdoce
est remplacé par le pastorat dont la mission se
borne à l'enseignement moral. Tout homme est
prêtre et doit librement interpréter l'évangile
d'après les lumières de sa raison.

Plus de culte fétichique : statues, croix, reliques, scapulaires, chapelets, cordons, médailles,
sacrés-cœurs, *agnus dei*, eaux bénites et miraculeuses. Plus de commerce d'indulgences, de confession ni de théophagie. Il ne reste que le culte
de Dieu, — hypothèse, si l'on veut, mais inof-
fensive, puisque les esprits les plus élevés et
les plus indépendants s'en sont accommodés,
— et la morale évangélique, dont les parties
critiquables sont prudemment laissées dans
l'ombre (2). Le reste constitue un ensemble de

(1) Le célibat des prêtres n'est pas d'institution évangélique :
« L'évêque doit être irréprochable, n'avoir épousé qu'une seule
femme, être sobre, prudent, grave... gouvernant bien sa maison,
tenant ses enfants soumis... Que les diacres n'aient épousé qu'une
seule femme, qu'ils gouvernent bien leurs enfants et leur propre
maison. » (Paul. *Première à Thimothée*. t. III, p. 1, 4, 12 et t. V, p. 9.)
(2) Ailleurs, au contraire, les doctrines communistes et anarchistes des évangiles seront exhumées, selon les circonstances.

préceptes et de maximes légués par les philosophes de l'antiquité, appuyés sur une profonde
observation de l'homme, de ses besoins, de son
rôle, de sa fonction, de son organisation, et aux-
quels la science moderne n'a pu encore substituer
une morale supérieure donnant à la fois satisfaction aux sentiments égoïstes et altruistes et s'ap-
puyant sur la double base de l'hygiène et de la
solidarité.

Cette religion, probablement la dernière, a
imprimé aux nations qui l'ont acceptée une
féconde impulsion. En développant l'initiative
individuelle, en favorisant le libre exercice de
la raison, elle a contribué pour une large part au
grand mouvement d'émancipation qui a abouti au
XVIIIᵉ siècle, à la Révolution, et qui s'est continué
par le prodigieux épanouissement de la science (1).

---

pour flatter et gagner la clientèle des prolétaires. Elles fourniront
le sans-culotte Jésus et le socialisme chrétien. Les révolutionnaires
ne manquent jamais de les invoquer à leur profit. C'est ainsi
qu'on a vu récemment un russe du nom de Tolstoï extraire de
l'évangile toute la théorie de l'anarchie. (*Le salut est en vous*, par le
comte Tolstoï.)

(1) « Le protestantisme a représenté une forme supérieure du
christianisme adaptée aux besoins des peuples qui l'avaient accueil-
lie. Il apprit à l'homme à discuter ses croyances et à régler lui-
même sa vie. Tel qu'il existe aujourd'hui... le protestantisme im-
plique une culture intellectuelle très supérieure à celle que la
pratique du catholicisme exige, et représente dans certaines de
ses formes la religion la moins en opposition avec la conception
des choses résultant des découvertes modernes. » (Dʳ Lebon.
L'homme et les sociétés, t. II, p. 339).

— M. Taine, dans ses *Notes sur l'Angleterre*, parlant des temples
protestants, dit : « Un homme cultivé peut s'y asseoir, il n'est
pas rebuté par des superstitions trop basses. Point de petits dé-
cors, de poupées peintes, de parade mignarde, de postures, défi-
lés et cérémonies machinales, surannées, dont les assistants ont
oublié le sens. Les murs sont presque nus, les chants et les paroles
sont en langue vulgaire, l'officiant ne fait point de génuflexions,
sa tenue est d'un magistrat. Dans ses discours comme dans le culte

Elle a pénétré, et vivifié les peuples qui tiennent aujourd'hui la tête de la civilisation, l'Angleterre, les Etats-Unis, l'Allemagne, la Suède, la Suisse, la Hollande. Les nations, au contraire, qui sont restée inféodées à une religion décadente en sont mortes : la Pologne et la Hongrie ont péri, l'Espagne agonise. La France, d'abord à la tête du mouvement, et un moment émancipée, est retombée sous le joug par l'apostasie de Henri IV. La révolution a tenté un nouvel effort qui a échoué, « soit que la vigueur ait manqué pour achever la victoire, soit qu'en se proposant des buts trop éloignés, on ait manqué le plus nécessaire » (1).

Est-ce à dire que le protestantisme soit une

---

le dogme recule toujours à l'arrière-plan ; avant tout il s'agit de l'art et de la volonté de bien vivre. La religion elle-même, avec ses émotions et ses grandes perspectives, n'est guère que la poésie et l'au-delà de la morale, le prolongement dans l'infini d'une lumineuse et sublime idée, celle de la justice. Un esprit qui a réfléchi peut accepter le tout, au moins à titre de symbole. De cette façon, et sans renoncer à son interprétation personnelle, il reste en communication et en communion avec les simples qui sont auprès de lui. »

— M. Renan, dans une lettre publiée par la *Revue bleue* (mars 1895), écrivait : « La religion que j'envisage comme définitive... c'est la religion en esprit et en vérité, le culte du Père céleste sans prêtres ni cérémonies. Cela est indubitablement dans l'Evangile, et cela y est à l'état de pensée dominante. Si l'Eglise a déplorablement manqué à ce programme, il y a toujours eu des protestations, au sein du christianisme, dans le sens évangélique pur. Enfin, la forme la plus avancée de l'Eglise de Jésus, qui est le protestantisme, aspire de plus en plus à ce culte pur. C'est en ce sens, et en ce sens seulement que j'ai pu appeler le christianisme la religion définitive. »

(1) Cette remarque de Michelet rappelle les réflexions suivantes qu'il a placées dans la préface des *Œuvres de Marnix de sainte Aldegonde* : « Le sophisme le plus enraciné, le plus contraire à l'établissement de la liberté est celui-ci : que toutes les religions se valent au point de vue de la vérité, et même de la politique, en sorte qu'il n'y a nulle différence à établir entre les unes et les autres.

« Ce principe est le contraire de toute philosophie, de toute science, de toute histoire... car, loin que les religions soient toutes

évolution idéale et définitive? Il n'en est rien.
Pour favorable qu'elle soit à l'affranchissement
de la raison, cette religion sera elle-même éliminée à son tour, quand le développement et la pro-
pagation de l'instruction auront suffisamment
pénétré les cerveaux du besoin de notions positives substitué à celui des fictions. Plus la masse
est instruite, plus elle est initiée aux connaissances scientifiques, moins elle est enclin à
rechercher l'aide et le secours de puissances
supérieures. Le besoin religieux sera éteint le
jour où les hommes seront assez raisonnables
pour régler leur conduite sur la devise du bon
Lafontaine: «Aide-toi et le ciel t'aidera.» Ce jour
là, les religions auront terminé leur œuvre, et
l'humanité éclairée, émancipée, en pleine possession d'elle-même, ne conservera pour les orga-

égales, il y a entre elles des différences, des degrés dans le vrai,
des spécialités, des nuances, comme il y en a dans toutes les
choses de la nature.

« Si la révolution française avait clairement vu ces degrés, ces
différences, elle eut pu, en concentrant ses forces, ses inimitiés,
ses décisions contre ce culte qui exclut la civilisation moderne,
éliminer ce culte en laissant subsister le principe de la liberté,
et ouvrir par là une ère nouvelle. Mais n'ayant fait aucune différence dans l'échelle des choses religieuses, elle a déchaîné contre
soi la religion même, sans trouver d'appui nulle part pour dépla-
cer irrévocablement la borne du vieux monde...

« Au lieu de chercher vaguement des ennemis à tous les bouts
de l'horizon, sans en atteindre aucun, il s'agit de concentrer vos
vues, vos forces, vos volontés dispersées, sur le point unique qui
est le centre d'où partent toutes les attaques dirigées contre vous...,
il s'agit non plus de disperser vos paroles, vos répugnances, vos
haines, vos menaces à tous les vents, mais de vous appliquer sur ce
point, sans vous en départir, que vous ne soyez arrivé à un résultat
pratique, que vous pourrez léguer à vos fils.

« Pour ces grands résultats, il vous faut des alliés. Que si vous
montrez la pensée de repousser également toutes les croyances,
vous êtes premièrement injustes, secondement, ennemis de vous-
mêmes, puisque vous vous faites des adversaires de ceux qui
doivent être une partie de votre force. »

nismes primitifs de la civilisation et pour les vieilles chansons qui ont bercé et consolé nos pères, qu'un pieux souvenir.

Mais, combien de siècles s'écouleront encore avant que les derniers croyants disparaissent tout à fait de la terre ! Les nations d'Orient surtout, comparées à celles de l'Occident, sont, à cet égard, dans un état de lamentable infériorité.

Cependant des pas immenses ont déjà été franchis, et l'influence féconde de la science se développe et s'étend avec une étonnante rapidité. Depuis le jour où la science est sortie des temples, pour constituer un pouvoir autonome, elle est devenue la rivale des religions : son action et son autorité n'ont cessé de grandir. Les savants ont fondé des écoles et formé des disciples qui ont propagé leur enseignement et continué leurs travaux. Toutes les grandes époques des civilisations chinoise, arabe, grecque et romaine, ont été leur œuvre. C'est par eux que la science a conquis pacifiquement, à travers les siècles, une puissance toujours envahissante, et aujourd'hui souveraine. Cette magnifique évolution de l'intelligence humaine, mystérieuse au début sous le voile de la religion, s'est continuée ensuite en dehors d'elle, puis malgré elle. C'est la science aujourd'hui qui vise à la domination universelle, comme la vérité dont elle est l'expression et la révélation. C'est à la science qu'appartient désormais la direction du monde, aux lieu et place de la divinité, à la science, bienfaitrice des nations et libératrice de l'humanité.

TABLE DES MATIÈRES

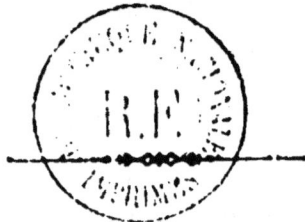

ANGERS, IMP. G. PARÉ.

www.ingramcontent.com/pod-product-compliance
Lightning Source LLC
Chambersburg PA
CBHW072103080426
42733CB00010B/2196